Eine Bildreise

Elsaß

Georg Jung / Ellert & Richter Verlag

Autor/Literatur/Impressum

Georg Jung, geb. 1945 im Sudetenland; Berufsausbildung im Bereich Werbung, danach Studium an der Hochschule für Bildende Künste in Berlin und anschließend an der Universität Hamburg in den Fächern Psychologie und Ethnologie. Heute arbeitet er freiberuflich als Reiseschriftsteller und Fotograf. Zu seinen Veröffentlichungen zählen mehrere Bildbände. Im Ellert & Richter Verlag erschienen bereits die Bildreisen „Rügen", „Der Darß, Fischland und Zingst", „Auf Theodor Fontanes Spuren durch die Mark Brandenburg", „Mecklenburg-Vorpommern", „Sachsen-Anhalt", „Auf Johann Sebastian Bachs Spuren" und „Der Harz" sowie „Das große Rügen-Buch".

Titelabbildung: Idyllischer Winkel in Eguisheim

Literatur:

Aschbacher, Helmut: Vogesen. Goldstadt Verlag, Pforzheim 1980

Büttner, Heinrich: Geschichte des Elsaß I. Sigmaringen 1991

Craig, Gordon A.: Deutsche Geschichte 1866–1945. Verlag C. H. Beck, München 1993

Egen, Jean: Die Linden von Lauterbach. Reinbek 1986

Goethe, Johann Wolfgang von: Dichtung und Wahrheit. Teil 1–4

Kerber, Dr. Franz: Das Elsaß – Des Reiches Tor und Schild. Jahrbuch der Stadt Freiburg, Band 4, 1940

Mantz, Francis: Die Heidenmauer. Ein archäologisches Rätsel. Strasbourg 1992

Michelin Reiseführer Elsaß, Vogesen, Champagne. Clermont-Ferrand 1990

Philipps, Eugène: Zeitgenosse Elsässer. Verlag C. F. Müller, Karlsruhe 1987

Philipps, Eugène: Schicksal Elsaß. Verlag C. F. Müller, Karlsruhe 1980

Rehm, Max: Reichsland Elsaß-Lothringen. Regierung und Verwaltung 1871–1918. Verlag Dietrich Pfaehler, Neustadt a.d. Saale 1991

Richter, Georg: Elsaß, Vogesen, Burgundische Pforte. Nürnberg 1972

Richter, Georg: Mit Goethe am Oberrhein. Verlag G. Braun, Karlsruhe 1981

Schreiber, Hermann: Elsaß. Hallwag-Verlag, Bern 1979

Ungerer, Tomi: Die Gedanken sind frei. Meine Kindheit im Elsaß. Diogenes Verlag, Zürich 1993/99

Wackenheim, Charles: Der Odilienberg. Editions du Signe, Strasbourg (ohne Jahresangabe)

Weckmann, André: Odile oder das magische Dreieck. Morstadt Verlag, Kehl 1986

Zodiaque (Hrsg. u. Vlg.): Das romanische Elsaß. Mit einer Einführung von Hans Haug und Texten aus der Klosterwerkstatt des Coeur-Meurtry

Die Deutsche Bibliothek – CIP-Einheitsaufnahme
Jung, Georg:
Elsaß / Georg Jung. – Hamburg: Ellert und Richter, 2001
(Eine Bildreise)
ISBN 3-89234-979-7

Text und Fotos: Georg Jung, Hamburg
Gestaltung: Büro Brückner + Partner, Bremen
Satz: KCS GmbH, Buchholz/Hamburg
Karte: ADAC Verlag, München
Lithographie: Offset-Repro im Centrum, Hamburg
Druck: wgb Wiesbadener Graphische Betriebe GmbH, Wiesbaden
Bindung: Buchbinderei Büge, Celle

Inhalt

So weit das Auge reicht – Wälder. Aus dem Grün der Bergkuppen steigen Burgen empor wie im Märchenland. Im Dunst der Ferne die Vogesen – blaue Schatten, die in den Horizont verfließen. Zerklüftete Gebirgshänge auf der einen, urwüchsige Auwälder und Riedlandschaften auf der anderen Seite. Blumenverhangenes Fachwerk, spitzgiebelige Häuser, verwinkelte Gassen und mächtige Toreinfahrten, die hier und da den Blick in einen malerischen Innenhof freigeben – so sind die Städtchen. Überall sprudelt Wasser aus alten, kunstvoll gearbeiteten Brunnen. Und dann die Weinfelder: Am Saum der Vogesen ziehen sie hügelauf und hügelab; im Herbst liegen sie hingestreckt wie ein endloser bunter Flickenteppich.

Im Elsaß herrscht kein Mangel an Reiz und Idylle. „Welch ein herrlicher Garten!", soll Ludwig XIV. ausgerufen haben, als er im Oktober 1681 von der Zaberner Steige aus zum ersten Mal das Elsaß erblickte. Die blühende, reiche Landschaft mußte ihm wie ein kleines Paradies vorgekommen sein, ein gesegnetes Fleckchen Erde, das Ernten im Überfluß lieferte, wo an sonnenüberfluteten Hängen edle Weine reiften und dessen Wälder jagdbares Wild und Holz in Fülle lieferten. Man möchte den in der Literatur schon oft zitierten Ausspruch des Sonnenkönigs häufig wiederholen, trifft er doch gleichermaßen auf viele Stellen der Region zu. Auch von anderen Höhen, etwa dem Odilienberg, der Hochkönigsburg oder den Drei Ähren offenbart sich dem Auge das herrliche Elsaß, „immer dasselbe – und immer neu", wie Goethe einst schrieb.

„Hortus deliciarus" – Garten der Genüsse, so nannte Herrad von Landsberg, Äbtissin des Klosters Hohenburg ihr berühmtes, gegen Ende des 12. Jahrhunderts verfaßtes handschriftliches Werk. Diese mittelalterlichen Manuskripte waren zwar kein Hymnus auf die elysische Landschaft des Elsaß, sie stellten vielmehr eine Art frommer Enzyklopädie dar, die das Wissen jener Zeit zum geistigen Wohle der Nonnen und adligen Mädchen zusammenfaßte. Doch könnte man dieses Werk auch als eine landschaftsverbundene Botschaft deuten, denn vom Gipfel des Odilienbergs die elsässische Natur in all ihrer Herrlichkeit vor Augen, mußte die Ordensfrau das ganze Weltgeschehen als einen wunderbaren Garten Gottes erleben.

Das Elsaß ist ein kleines Paradies, nur bis zu 40 Kilometer breit und knapp 200 Kilometer lang, ein schmaler Landstreifen, der sich zwischen dem lothringischen Vogesengebirge im Westen und dem Rhein im Osten erstreckt. In der Nordsüd-Ausdehnung reicht es vom Pfälzer Wald bis zum Schweizer Jura. Die historische Landschaft deckt sich weitgehend mit den französischen Departements „Bas-Rhin" (Unterel-

Blick auf das Elsaß: Von der Hochkönigsburg offenbaren sich dem Auge die waldreichen Hügel des Vogesenvorlands und die fruchtbare Rheinebene. Am Horizont heben sich die Bergzüge des Schwarzwalds als ein zarter blauer Streifen ab.

saß) und „Haut-Rhin" (Oberelsaß). Ihre heutigen Grenzen bestehen nicht seit alters; mehrmals im Laufe der Zeit mußte der geographische Raum den Bedingungen politischer und religiöser Entwicklungen immer wieder angepaßt werden. Selbst auf den Rhein als einen zuverlässigen Grenzstrom war früher kein Verlaß. Starke Hochwasser bewirkten mitunter, daß sich badische Ortschaften plötzlich auf der elsässischen Seite wiederfanden und umgekehrt.

Der „Sechseimerbrunnen" von Boersch ist ein besonders schönes Beispiel für die elsässische Brunnenkunst im Renaissancestil. Er wurde 1617 gebaut und besitzt einen reich verzierten kronenartigen Dachaufsatz.

Neben dem Vogesengebirge und seinem mit Weinanbau kultivierten Vorhügelland bildet die langgestreckte Rheinebene das landschaftsbestimmende Merkmal des Elsaß. Sie ist ein Teil der von Basel bis Mainz reichenden Grabensenke, die im Erdzeitalter des Oligozäns vor etwa 60 Millionen Jahren durch Einbruch der Erdrinde entstand. Die Ursachen dieser „geologischen Katastrophe" sind bis heute nicht restlos geklärt. In der folgenden Zeit der Erdgeschichte wurde der Graben durch tertiäre Meeresablagerungen und später durch eiszeitliches Geröll sowie Flußaufschüttungen aufgefüllt. Dabei entstanden unterschiedliche Böden, wie Schotterterrassen, Schwemmsande, sumpfige Gebiete und fruchtbares Ackerland.

Tausende von Jahren war der Rhein im Oberlauf ein ungebändigter Strom, der seine Wassermassen in einem zum Teil weitverzweigten Geflecht von Armen, Flußschlingen und Rinnsalen abführte. Ein Gemälde des Baseler Malers Peter Birmann (1758–1844) macht mit der „Aussicht vom Isteiner Klotz" deutlich, wie der Flußverlauf um 1840 vor seiner Regulierung noch ausgesehen hat. Im Frühjahr und Sommer, wenn die Schneeschmelze der Alpen den Wasserspiegel ansteigen ließ, kam es regelmäßig zu Überschwemmungen, die sich bis zu einer Breite von sechs Kilometern ausdehnen konnten. Mit diesem jahreszeitlich bedingten Wechsel des Wasserstandes änderte sich auch der Stromverlauf. Mal verschob sich das Flußbett nach Osten, mal

Riquewihr ist einer der berühmtesten elsässischen Weinorte. Sein besonderer Reiz besteht in dem unversehrt erhaltenen mittelalterlichen Stadtbild mit Häusern aus dem 16. und 17. Jahrhundert sowie Stadttoren und Befestigungsanlagen aus noch viel älterer Zeit.

nach Westen. Sand- bzw. Kiesbänke und kleine Inseln verschwanden oder bildeten sich an anderer Stelle neu. Solche Bedingungen machten eine dauerhafte Besiedlung oder landwirtschaftliche Nutzung dieser Region nahezu unmöglich. So begann man Mitte des 19. Jahrhunderts nach Plänen des badischen Wasserbauingenieurs Johann Gottfried Tulla (1770–1828) umfassende Maßnahmen für ein Hochwasserschutzprogramm zu verwirklichen. Durch Eindeichung und Begradigung wurde der mäandrierende Fluß in ein enges Korsett geschnürt und gezwungen, sich in vorgegebenen Grenzen sein eigenes Bett zu graben. Diese und spätere Korrekturen – z.B. der Bau des Rheinseitenkanals – bannten zwar die Überflutungsgefahr, veränderten aber das Landschaftsbild und die ökologischen Verhältnisse der Rheinaue. Der Grundwasserspiegel links und rechts des Rheins ging zurück, so daß viele Feuchtflächen in Halbtrockengebiete umgewandelt wurden. In einigen Gebieten aber, wie etwa bei Sélestat, blieb die charakteristische Riedlandschaft mit feuchten und sumpfigen Wiesen erhalten. Auch die Auwälder an den Ufern des Rheins sind mit ihrer typischen Vegetation streckenweise noch vorhanden. Die Auenwildnis zwischen Markkolsheim und Rhinau, wo der mit Lianen verstrickte Baumbestand ein undurchdringbares Dickicht bildet, gehört zu den wertvollsten Naturlandschaften Europas.

Anders als der Rhein bot in früherer Zeit die Ill an ihren Ufern die besseren Bedingungen für eine Besiedlung. Als Hauptfluß des Elsaß durchströmt sie das Land von Süden nach Norden und verbindet die Städte Mulhouse, Colmar, Sélestat und Straßburg. Man mag heute der weit verbreiteten Annahme gerne folgen, daß das Elsaß nach diesem Flüßchen benannt wurde: „Illsass“ – Sitz an der Ill. Allerdings gibt es noch andere Erklärungen für die Herkunft des Namens. Manche Forscher führen an, daß „Els“ mit dem aus der keltischen Sprache abgeleiteten „Elz“ gleichzusetzen ist, das Felsen bedeutet. Demnach wäre Elsaß das „Land am Vogesenfelsen“. Andere wiederum verweisen auf das alemannische „Elisaza“, was soviel wie „Sitz in der Fremde“ heißt. Vermutlich wird man die Richtigkeit der einen oder anderen Meinung nicht mit letzter Sicherheit bestätigen können. Unbestritten bleibt, daß der im siebten Jahrhundert erstmals

Bevor der Rhein im 19. Jahrhundert in ein festes Flußbett gezwängt wurde, waren seine Ufer von Sumpfgebieten und ausgedehnten Auwäldern gesäumt. Einige wenige Reste blieben erhalten wie hier zwischen Marckolsheim und Rhinau.

urkundlich erwähnte Name ein alter geschichtlicher Begriff ist, der im Verlauf der Zeiten in unterschiedlichen Formen auftauchte: von Alesacius, über Elisaza, Elisagowe bis hin zu Elsaß und der französischen Form Alsace.

Unter den französischen Provinzen nimmt das Elsaß eine besondere Stellung ein. Franzosen aus Innerfrankreich empfinden dort manches als fremdartig, während sich deutsche Besucher in vielen Dingen wie zu Hause fühlen. Bevor das Land als Folge des Dreißigjährigen Kriegs an Frankreich kam, war es ca. 800 Jahre mit der deutschen Welt verbunden. Aus dieser Vergangenheit übernahmen die Elsässer ihre Kultur sowie charakteristische Merkmale der Lebensart. Vor allem aber bewahrten viele die deutsche Sprache bzw. ihren Dialekt aus der Gemeinschaft alemannisch und fränkisch sprechender Menschen.

Auch nach dem Wechsel der Staatszugehörigkeit im 17. Jahrhundert sollte das Land noch mehr als dreihundert Jahre zwischen zwei verschiedenen Welten hin- und hergezerrt werden. Ein Elsässer mit dem Geburtsjahr 1870 hätte sich im Laufe eines 75-jährigen Lebens viermal von seiner Nationalität und kulturellen Zugehörigkeit trennen müssen:1871 wäre er Deutscher, 1918 Franzose, 1940 Deutscher und 1945 wieder Franzose geworden. Der mehrmalige Wechsel von der einen zur anderen Nation mußte zwangsläufig zu Problemen mit der Identität und zu seelischen Konflikten führen. Bei jeder neuen Anpassung bestand für den Elsässer die Gefahr, einen Teil seines Selbst zu verlieren, vor allem dann, wenn er gezwungen war, das wichtigste Merkmal eines Volkes, seine hergebrachte Sprache und seinen Dialekt aufzugeben. Daß das französische Idiom nach dem Zweiten Weltkrieg seine Monopolstellung weiter ausbauen konnte, lag nicht nur an der durch die neue Kulturpolitik verordneten Unterdrückung der deutschen Sprache. Viele weigerten sich Deutsch zu sprechen, um nicht an die schlimmen Erlebnisse während der Nazizeit erinnert zu werden. Andere wiederum lehnten den elsässischen Dialekt ab, weil es – besonders in feineren Kreisen – nicht schicklich war, eine volkstümliche Mundart zu sprechen.

Je mehr der Elsässer versuchte, seine deutsche Herkunft zu verleugnen, desto geringer schien die Möglichkeit, aus dem Zwiespalt herauszukommen. In dem berühmten elsässischen Lied vom „Hans im Schnokeloch", der nicht weiß, was er hat und was er will, kommt diese innere Zerrissenheit zum Ausdruck. Da heißt es:

D'r Hans im Schnokeloch
Hat alles, was'r will.
Un was'r will, das hat 'r nit,
Un was 'r hat, das will 'r nit,
D'r Hans im Schnokeloch
Hat alles, was 'r will!
D'r Hans im Schnokeloch
Sagt alles, was 'r will.
Und was 'r sagt, das dankt er nit.
Un was 'r dankt,
Das sagt 'r nit,
D'r Hans im Schnokeloch
Sagt alles, was 'r will.
(…)

Der „Hans im Schnokeloch", mit dem der Elsässer gemeint ist, könnte sich aus dem Schnakenloch befreien, wenn er sein Anderssein akzeptierte und bei der Annahme französischer Züge die eigenen charakteristischen Merkmale bewahrte. Gegenwärtig gibt es eine Reihe elsässischer Intellektueller, die gegen den Verlust ihres kulturellen Erbes ankämpfen und sich dafür einsetzen, daß die Kochkunst nicht das einzige ist, was von der alten Kultur noch lebendig bleibt. „Wir wollen in Symbiose leben (…) als gleichberechtigter Partner mit eigenen Charakteristiken, deren wichtigstes die Sprache ist", schrieb André Weckmann, ein elsässischer Schriftsteller der neuen Generation, in seinem Roman „Odile oder das magische Dreieck". Der Autor weist auf die staatlich betriebene Anpassungspolitik hin, die sich inzwischen verselbständigt hat und keine Impulse mehr aus Paris braucht, „weil das Volk blind und taub für die eigene Sache geworden sei". Obwohl sich der offizielle Alltag auf französisch abspielt und die deutsche Sprache bzw. das „Elsässerditsch" in der heutigen Jugend kaum noch gesprochen wird, bestehen gegenwärtig wieder

Quiches, Tartes und Tourtes: Mit Fleisch, Fisch, Gemüse, Käse oder Speck gefüllte Pasteten und Kuchen gehören zu den elsässischen Leckereien, die in keinem Angebot der Delikatessenläden fehlen.

positive Ansätze, daß die Zwei- bzw. Dreisprachigkeit als Bestandteil des modernen Elsässertums eine Überlebenschance bekommt.

Seit es gelungen ist, die Ambivalenz zu überwinden und aus deutschen wie auch französischen Einflüssen eine eigenständige Kultur zu entwickeln, sieht man in der „Doppelnatur" keine Behinderung mehr, sondern einen Gewinn. „Das historische Schicksal der Elsässer ist das eines Volkes, das jahrhundertelang naturgegebenermaßen sowohl seiner regionalen Gemeinschaft wie der ‚deutschen Nation' angehörte als auch das Geschick der ‚französischen Nation' teilte", so der elsässische Schriftsteller Eugène Philipps. „Dieses Schicksal führte zur Herausbildung bestimmter Wesenszüge des Elsässers, die für seine Art zu leben, zu fühlen, zu denken, zu sprechen typisch sind und ihn vom sogenannten ‚nationalen Franzosen' oder ‚nationalen Deutschen' ebenso unterscheiden wie vom Luxemburger, Schweizer oder Österreicher. Diese Wesenszüge gaben ihm seine Originalität."

Blick vom Col des Bagenelles in das Liepvrette-Tal: Eine landschaftlich reizvolle Straße führt von hier zu dem alten Bergwerksstädtchen Ste-Marie-aux-Mines. In südliche Richtung stellt der Paß eine Verbindung zur berühmten „Route des Crêtes" her.

Tomi Ungerer, ein gebürtiger Elsässer, macht die Situation auf seine Weise deutlich: In einer seiner Zeichnungen stellt er das Elsaß als ein Objekt der Begierde dar, verkörpert durch eine mit üppigen Reizen ausgestattete Schönheit, die auf dem Liebeslager von zwei Galanen umschwärmt wird: Geografisch korrekt – links der Franzose, rechts der Deutsche. Die so Umworbene macht einen entzückten Eindruck, es gefällt ihr, doch läßt sie nicht erkennen, ob sie den Avancen des einen oder des anderen oder gar der beiden nachzugeben gewillt ist. Fast hat es den Anschein, als sei ihr das Gefühl, begehrt zu werden, Befriedigung genug.

Auch der Antagonist im Roman von André Weckmann sieht das Elsaß als eine „sehr verführerische Frau, die man sich nicht untertan machen solle, weil ihre Fähigkeit zu lieben dadurch beeinträchtigt würde". Eine klare Entscheidung in der Dreierbeziehung trifft hingegen der elsässische Schriftsteller Jean Egen. In seinem autobiografischen Roman „Die Linden von Lautenbach" ist ihm die „elsässische Kultur Mutter, die französische Eheweib und die deutsche Mätresse".

Längst hat sich ein neues elsässisches Selbstbewußtsein gebildet. Man weiß, wer man ist und kennt die eigenen Fähigkeiten. Mit Stolz blickt man auf das kulturelle Erbe der Vergangenheit und ganz besonders auf die Leistungen der Gegenwart. Man hat auch allen Grund dazu. Hinter Paris erzielt das Land das zweithöchste Bruttosozialprodukt. Im internationalen Vergleich zählt es zu den wirtschaftlich erfolgreichsten Regionen Europas. Immer mehr ausländische Unternehmen schätzen das Elsaß als Wirtschaftsstandort und investieren vorzugsweise in den Städten Mulhouse, Colmar und Straßburg. Hinter den aktuellen Fragen des Lebensstandards ist das Problem der Identität zurückgegetreten. Dennoch bleibt das Thema so elsässisch wie der Kugelhopf, das „Sürkrüt“ oder die „Winstub“.

Ja, es läßt sich leben im Elsaß. Die Sonne verwöhnt es mit besonderer Gunst, die Berge und Wälder laden zum Wandern ein, seine Weine sind berühmt und der Duft seiner Fleischtöpfe weht weit über die Grenzen. Was Wunder, daß sich auch die Touristen in diesem Paradiesgärtlein wohl fühlen. In den Sommermonaten und besonders an Wochenenden fallen sie in großen Scharen ein – von Westen über die Vogesenpässe und von Osten über die Rheinbrücken. Auf speziellen Routen, die Namen aus dem Schlemmerland tragen, etwa auf der Weinstraße, Käsestraße oder Sauerkrautstraße, findet jeder die Genüsse, für die das Elsaß berühmt ist. Wer dagegen Kunst und Natur sucht, kommt auf der Romanischen Straße oder der Blumenstraße und der berühmten Route des Crêtes, einer Straße, die über die Kammhöhen der Vogesen führt, auf den richtigen Weg. Mittlerweile, so wird behauptet, gibt es 50 solcher touristischer Reiserouten, die das Land unter einem bestimmten Aspekt erschließen. Viel zu leicht wird dabei vergessen, daß sich durch das Elsaß auch eine

Straße des Blutes zieht. In seiner Vergangenheit hat das Land selbst zwar nie einen Krieg geführt, doch oft wurden Kriege auf seinem Rücken ausgetragen. Diesem Thema widmet sich das folgende Kapitel in einer Darstellung der wechselvollen Geschichte.

Daß man im Elsaß nicht nur Wein trinkt, zeigt dieses Lokal in der Straßburger Altstadt, das sich als Bier- und Winstub vorstellt. Sieben elsässische Brauereien erzeugen rund die Hälfte des französischen Bierabsatzes.

Abendstimmung am Grand Ballon. Nach Sonnenuntergang, wenn die verlöschende Wärme eines Sommertages sich in zarten Dunstschleiern über die Bergkämme legt, wenn aus den Tälern die Dunkelheit emporsteigt und alles Schroffe sich in Sanftheit auflöst, dann erscheinen die Vogesen wie hingehaucht.

Eingezwängt zwischen Wein- und Vogesenbergen liegt der kleine Winzerort Husseren-les-Châteaux. Hier werden die Reben bis in 380 m Höhe angebaut. Die Abbildung zeigt einen Ausschnitt des Pfersigbergs. Weine, die aus diesem Anbaugebiet hervorgehen, sind besonders fruchtig und haben eine außergewöhnliche Finesse.

Blick in den Innenhof des Winzerguts von Joseph Freudenreich in Eguisheim. Üppiger Blumenschmuck prangt aus allen Winkeln; ein alter Ziehbrunnen, ein riesiges Eichenholzfaß und andere Gerätschaften der Traubenlese und -verarbeitung gehören zu den Schaustücken. Im Erdgeschoß aus Stein befindet sich der Weinkeller mit den Weinfässern und der Traubenpresse. Das Weingut kann auf eine lange Tradition zurückblicken. Nach seiner Gründung im 11. Jahrhundert gehörte es lange Zeit zum Unterlinden-Kloster von Colmar, das von hier seinen Wein bezog. Einer Zeit der Blüte folgten Jahre der Zerstörung: zunächst 1444, als Söldnerscharen aus dem Hundertjährigen Krieg in Eguisheim einfielen und den Hof plünderten, später im Dreißigjährigen Krieg durch schwedische Truppen. Sein heutiges Aussehen geht auf den Wiederaufbau im 17. und 18. Jahrhundert sowie auf Restaurierungen in jüngster Zeit zurück.

Winzerstädtchen mit Tradition: Das fast 700 Jahre alte, an der elsässischen Weinstraße gelegene Bergheim hat manches aus seiner Vergangenheit bewahren können, etwa den Pulverturm und den Hexenturm sowie einen Teil der mittelalterlichen Stadtmauer. Diese Befestigungsanlage trotzte 1470 dem Ansturm der Truppen Karls des Kühnen.

Das Straßburger Münster gehört zu den großen Wunderwerken abendländischer Baukunst. Kommt man durch die Rue Mercière, stellt sich den Augen des Betrachters die vielgerühmte Turmfassade mit der Fensterrose, den himmelwärts strebenden Fialen und den schmückenden Zieraten entgegen. Der Blick aus dieser Perspektive mag den Eindruck Goethes bestätigen, daß hier „das Erhabene mit dem Gefälligen in Bund getreten sei". In vollendeter Weise macht der Westbau den Gedanken der Gotik deutlich, indem die massive Wand dem Scheine nach tausendfach durchbrochen wurde. Die solide Masse verliert dadurch ihre Schwerfälligkeit und gewinnt an Zierlichkeit und Anmut. Als Baumeister der Fassade tritt hauptsächlich Erwin von Steinbach in Erscheinung. Begonnen 1277, wurde sie 162 Jahre später mit der Vollendung des Turmhelms abgeschlossen.

Idylle an den Ufern des Rheins: Einst war der Rhein ein ungebändigter Strom, der seine Wassermassen in einem weitverzweigten Geflecht von Armen und Flußschlingen abführte und im Verlauf der jahreszeitlich bedingten Hochwasser weite Landstriche überflutete. Die ab Mitte des 19. Jahrhunderts im Rahmen eines Hochwasserschutzprogramms vorgenommenen Rheinkorrekturen bannten zwar die Überflutungsgefahr, veränderten aber das ursprüngliche Landschaftsbild: Aus Feuchtflächen wurden Halbtrockengebiete. An einigen Stellen aber, wie hier in den feuchten Niederungen bei Schoenau, blieben Sumpfgebiete mit Altwasserarmen und der für diese Gegend typische Auwald erhalten.

Wem gehört das Elsaß: geschichtlicher Überblick

Nicht weit von Colmar entfernt, zwischen Sigolsheim und Benwihr, liegt ein Stück Land, das man ursprünglich Rotfeld nannte und das als „Lügenfeld“ in die Geschichte eingegangen ist. Dort standen sich im Jahre 833 die fränkischen Heere, angeführt von Kaiser Ludwig dem Frommen auf der einen und seinen Söhnen Lothar, Pippin und Ludwig auf der anderen Seite kampfbereit gegenüber. Dem traurigen Schauspiel, das die Welt nun erlebte, waren Streitigkeiten bei der Vergabe des kaiserlichen Erbes vorausgegangen. Es ging um die Anteile des von Karl dem Großen übernommenen Reichs. Der Konflikt hatte sich zugespitzt, als noch ein weiterer Sohn Ludwigs aus zweiter Ehe, Karl (der Kahle), mit einem beträchtlichen Erbe bedacht werden sollte. Im Verlauf der militärischen Begegnung auf dem Rotfeld gelang es dem ältesten Sohn, Lothar, den größten Teil des väterlichen Heeres auf seine Seite zu ziehen. Von diesem Treuebruch, der den Kaiser wehrlos machte und zur Kapitulation zwang, erhielt der Ort die Bezeichnung „das Lügenfeld“.

Der Streit um das Erbe, der mit dem Vater-Söhne-Konflikt begonnen hatte und nach dem Tod des Kaisers 840 als Bruderkrieg fortgesetzt wurde, führte später zur Teilung des fränkischen Reichs: Durch den Vertrag von Verdun 843 bekam Karl der Kahle in etwa das heutige Frankreich, während Ludwig der Deutsche ein Reich erhielt, das in seiner Ausdehnung der heutigen Bundesrepublik schon sehr ähnlich sah. Lothar hingegen mußte sich mit dem mittleren Teil des fränkischen Reichs begnügen, dem sogenannten Lotharingien. Dieses Gebiet bildete einen schmalen Korridor zwischen der Nordsee und Mittelitalien; auf der einen Seite war es vom Rhein, auf der anderen von den Flüssen Schelde, Maas, Saône und Rhône begrenzt. Das Elsaß gehörte ebenso dazu wie die Schwesterregion Lothringen. Mit der Teilung in ein germanisches Ost- und ein romanisches Westreich begann die selbständige Entwicklung der deutschen und französischen Geschichte. Ein Jahr zuvor waren bereits Ludwig der Deutsche und Karl der Kahle in Straßburg zusammengekommen und hatten sich mit den berühmt gewordenen Straßburger Eiden verbündet. Dabei benutzten beide jeweils das Idiom des anderen. Diese historischen Texte gelten als ältestes Zeugnis der Trennung romanischer und germanischer Art.

Und das Elsaß? Es scheint symptomatisch für sein weiteres Los und die kulturelle Sonderstellung, die es einmal einnehmen sollte, daß es damals durch dynastische Willkür genau zwischen den beiden auseinanderdriftenden fränkischen Reichen eingebettet lag. Im politischen Ränkespiel dieser Zeit mag sich bereits das spätere Schicksal des Elsaß angedeutet haben, als Spielball zwischen Deutschland und Frankreich hin- und hergeworfen zu werden. Denn schon bald nach der Reichsteilung streckten beide Seiten ihre Hände nach diesem Flecken Land aus. Bei diesen Bestrebungen hatte Ludwig der Deutsche zunächst den längeren Arm. Im August 870 – Lothar der I. und Lothar II. waren inzwischen gestorben – konnte er das Elsaß einschließlich der Bistümer Straßburg und Basel sowie weitere Gebiete des ehemaligen lotharingischen Zwischenreichs kraft des Vertrags von Meersen in seinen Herrschaftsbereich einbeziehen. Von nun an war das Gebiet zwischen Vogesen und Rhein in die politische und kulturelle Landschaft Deutschlands eingebunden. Als Teil des ostfränkischen Reichs ging es später in das „Heilige Römische Reich Deutscher Nation“ über, dem es bis Ende des Dreißigjährigen Kriegs angehörte.

„Das Elsaß ist wie ein Eintopfgericht“, schrieb Tomi Ungerer, „Kelten, Franken, Römer, Alemannen, Helveter, Franzosen, Deutsche, Italiener und Juden haben ihre Spuren hinterlassen.“ Ursprünglich waren es Kelten, die vor etwa 3000 Jahren als erstes geschichtliches Volk das Land am linken Oberrhein besiedelten. Nach Meinung mancher Archäologen sollen sie es gewesen sein, die auf dem Odilienberg die Heidenmauer gebaut haben. Dieser Befestigungswall, der den Betrachter durch seine kolossalen Ausmaße in Erstaunen versetzt, gilt als eines der bedeutsamsten Kulturdenkmäler der vorgeschichtlichen Zeit in Europa.

Unter dem Suebenfürsten Ariovist drangen im 1. Jahrhundert v. Chr. Germanen in das Gebiet ein, die 58 v. Chr. durch Cäsar daran gehindert werden konnten, eine Herrschaft zu bilden. Mit dem Sieg der römischen Legionen über das germanische Heer wurde das Elsaß, wie ganz Gallien, eine römische Provinz. Unter römischer Hoheit, die sich bald auch auf das rechtsrheinische Gebiet erstreckte, erlebte das Land einen ersten Zivilisationsschub. Ein neu angelegtes Straßennetz erlaubte nicht nur rasche Truppenbewegungen und die Ausdehnung der Macht, sondern auch die Öffnung für Kultur, Wirtschaft und römische Lebensart. Ursprünglich als militärischer Vorposten angelegt, entwickelte sich Argentoratum, das heutige Straßburg, rasch zu einer bedeutenden Stadt des römischen Imperiums nördlich der Alpen. Zur Kultivierung gehörte auch die Einführung des Weinanbaus, der seit dem 3. Jahrhundert ununterbrochen betrieben wurde.

Mit der Sicherheit und Ruhe, die der unter Kaiser Augustus ausgerufene „römische Weltfrieden“ garantieren sollte, war es nach dem 3. Jahrhundert n. Chr. vorbei. Die römische Herrschaft geriet unter starken Druck, als Alemannen, ein ursprünglich an der Elbe ansässiger Volksstamm, den Limes durchbrachen und in den süd-

Die Hochkönigsburg ist eine Gründung Herzog Friedrichs von Schwaben, des Vaters Barbarossas, von dem gesagt wird, er habe am Schwanz seines Pferdes immer eine Burg hinter sich hergezogen. Im 19. Jahrhundert ließ Wilhelm II. die zur Ruine heruntergekommene Stauferburg restaurieren.

westlichen Raum vorstießen. Kaiser Julian konnte die germanischen Eindringlinge in der Alemannenschlacht 357 zwar noch niederringen, doch ihre weitere Zuwanderung nicht verhindern. Konzentrierten sich die Alemannen bei ihrer Siedlungsaktivität zunächst auf den Schwarzwald, so stießen sie um die Mitte des 4. Jahrhunderts in großen Scharen auch in den linksrheinischen Raum vor. Sie ließen sich vorzugsweise in der Ebene nieder und vermischten sich bald mit der nach ihrer gewaltsamen Landnahme noch verbliebenen alten galloromanischen Bevölkerung. Ein Jahrhundert später hatten die Alemannen das Elsaß politisch in der Hand. Ihre Vorherrschaft im linksrheinischen Gebiet dauerte aber nicht lange. 496 wurde das Elsaß von Chlodwig I. aus dem Hause der Merowinger erobert und in den Verband des fränkischen Reichs eingegliedert. In dieser Zeit konnte sich das Christentum entfalten; bereits gegen Ende des 6. Jahrhunderts war Straßburg Bischofssitz für das untere Elsaß geworden.

Mitte des 7. Jahrhunderts tauchte neben dem merowingischen Königtum eine weitere Macht auf: das elsässische Herzogtum. Als markanteste Persönlichkeit dieses neuen politischen Gebildes trat Herzog Eticho in Erscheinung, der dem Herrschergeschlecht der Etichonen seinen Namen gab. Er stiftete das Kloster Hohenburg auf dem heutigen Odilienberg, dem seine Tochter, die heilige Odilia, als erste Äbtissin vorstand. Auch andere Klostergründungen, etwa die Abtei von Murbach, gehen auf sein Familiengeschlecht zurück.

Mit dem Erlöschen des autonomen elsässischen Herzogtums Mitte des 8. Jahrhunderts nahm das Land an der politischen Entwicklung des Karolingerreichs, das die Dynastie der Merowinger abgelöst hatte, teil. Karl der Große, der letzte Herrscher des gesamtfränkischen Reichs, behandelte das Elsaß mit besonderem Wohlwollen. Er richtete sich in Colmar und Brumath Wohnsitze, sogenannte Pfalzen, ein und versah das Bistum Straßburg mit großzügigen Schenkungen. Zwischen 791 bis 794 übernahm er sogar selbst die Leitung des Klosters Murbach. Nach einer Neugliederung der Region traten nun die beiden Grafschaften Nord- und Sundgau in den Blickpunkt. Die Grafen des südlichen Sundgaus kamen aus dem Hause Habsburg, während die Grafen des nördlichen Bezirks sich Grafen von Egisheim nannten. Aus diesem alten Adelsgeschlecht ging später Leo IX., einer der tatenreichsten deutschen Päpste (1048–1054), hervor. Als letz-

ter deutscher Karolinger hatte Ludwig das Kind (900–911) das Elsaß unter seine Herrschaft genommen.

Im Hochmittelalter stand das Elsaß – seit 921 war es mit Schwaben zu einem gemeinsamen Herzogtum vereinigt – unter dem segensreichen Einfluß der Hohenstaufen. Als diese Mitte des 12. Jahrhunderts zur Kaiserwürde aufstiegen, erlebte das Land einen wirtschaftlichen und kulturellen Aufschwung. Kaiser Friedrich I. (1152–1190), Barbarossa genannt, aber auch sein Sohn Heinrich VI. (1190–1197) und sein Enkel Friedrich II. (1212–1250), von dem der Ausspruch, das Elsaß sei „seiner Erblande liebstes", überliefert worden ist, beglückten es mit ihrer Gunst. Die Städte erblühten, der Handel florierte, und das künstlerische Schaffen erhielt kräftige Impulse. Gottfried von Straßburg dichtete das höfische Epos „Tristan und Isolde", und der ursprünglich im Jahre 1015 begonnene Bau des Straßburger Münsters trat mit dem Beginn der gotischen Phase in ein entscheidendes Stadium. Viele der Burgen, die heute als malerische Ruinen das Vorgebirge der Vogesen schmücken, entstanden in dieser Zeit. Schon der Vater Barbarossas, Herzog Friedrich von Schwaben, erwies sich als ein eifriger Bauherr stolzer Befestigungsanlagen. Über ihn wurde berichtet, daß er „am Schwanz seines Pferdes immer eine Burg hinter sich herziehe".

Die Place de la Réunion im Zentrum von Mulhouse mit der Kirche St-Étienne. Die Stadt ging aus einer Staufergründung hervor, trat später dem Zehnstädtebund bei und stand ab Anfang des 16. Jahrhunderts bis 1798 mit der Schweiz im Bunde.

Mit dem Erlöschen der staufischen Reichsmacht zerbröckelte die politische Landschaft Deutschlands. Auch das Elsaß war von dieser Entwicklung betroffen. Bistümer, Klöster, Grafen, Freiherren und Ritter, dazwischen die Reichsstädte, die sich 1354 mit Ausnahme von Straßburg zum „Zehnstädtebund" zusammengeschlossen hatten, bildeten ein buntes Mosaik vereinzelter Herrschaften. Bald traten soziale Mißstände und neue Unruhen auf, die sich schließlich in den Bauernaufständen von 1493 und 1525 entluden.

Das Streben des Individuums nach Mündigkeit und der Wunsch nach gesellschaftlicher Neuordnung – Gedanken, die im Zuge der Renaissance die Menschen beschäftigten – schufen ein geistiges Klima, in dem sich die Ideen von Humanismus und Reformation prächtig entfalten konnten. Schlettstadt, das heute Sélestat heißt, und Straßburg stiegen zu Hochburgen dieser neuen Strömungen auf.

Dann brach der Dreißigjährige Krieg aus, der für das Elsaß verheerende Folgen hatte. Er bot Frankreich, das schon zuvor unter Richelieu die Gewinnung des Elsaß ins Auge gefaßt hatte, die Gelegenheit, seine östliche Grenze zum Rhein hin zu verschieben. Das Reich war nicht mehr imstande gewesen, diesem Drängen entgegenzuwirken. Als Sieger im Bunde mit Schweden erhielt die französische Krone durch den Westfälischen Frieden 1648 alle elsässischen Landesteile, die dem Hause Habsburg angehörten. Schließlich fielen auch die restlichen lokalen Herrschaften schrittweise an Frankreich, ebenso wie der Zehnstädtebund, der sich den Eingliederungsbestrebungen Ludwigs XIV. zunächst noch widersetzt hatte. Straßburg bekannte sich erst ab 1681 zu Frankreich, während Mulhouse dank seiner Bindung an die Schweizerische Eidgenossenschaft noch bis 1798 eine Enklave im französischen Elsaß bildete. Bis zum Frieden von Utrecht 1713, der den Spanischen Erbfolgekrieg beendete, war das Elsaß, das fast 800 Jahre lang zur deutschen Welt gehörte, endgültig ein Teil der französischen Monarchie. Wenn auch die staatsrechtliche Frage weiterhin strittig blieb, so konnte an der geschaffenen Realität nichts geändert

In der Nähe von Saverne liegt die Ruine der Burg Haut-Barr. Wegen ihrer exponierten Lage auf einem schmalen Felsvorsprung nannte man sie auch „Auge des Elsaß". Die Anlage entstand Anfang des 12. Jahrhunderts unter Kaiser Friedrich I. Barbarossa.

werden. In seiner Uneinigkeit hatte sich das Reich als zu schwach erwiesen, seine eigenen Interessen gegenüber dem starken Nachbarn im Westen konsequenter zu verfolgen.

Die Zugehörigkeit zu Frankreich änderte zunächst nur wenig an der Lebensart der Elsässer. Äußerlich zu Frankreich gehörend, blieb die Bevölkerung weiterhin mit dem alten Mutterland eng verbunden. Bis zur Französischen Revolution verlief die Wirtschaftsgrenze auf dem Vogesenkamm, das hieß, daß die Handelsbeziehungen mit Deutschland keiner Kontrolle durch Zollschranken unterworfen waren. Man sprach und schrieb Deutsch und nahm am geistigen Leben Deutschlands teil. Die Universität von Straßburg war zu der Zeit, als Goethe dort studierte, eine deutsche Hochschule, an der nebenbei auch französische Vorlesungen gehalten wurden. Besonders auf dem Lande pflegte man die traditionellen Gebräuche. Das Elsaß war „nur eine dem Ausland ähnliche, fremde Provinz im Schoße Frankreichs", so beschrieb Eugène Philipps den Status quo.

Mit der Revolution änderte sich die Situation. Nachdem die Jakobiner beschlossen hatten, dem Deutschtum des Elsaß entgegenzuwirken, begnügte man sich im Zuge der Französisierung nicht mehr allein mit der politischen Verschmelzung der Region, sondern faßte auch die Kontrolle der nationalen Gesinnung ins Auge. Zu den Maßnahmen, die Elsässer von ihrer angestammten Volksgemeinschaft zu lösen, gehörte die Änderung ihrer sprachlichen Identität. In der Republik sollte nur noch französisch gesprochen werden. Auf dem Wege zur Sprachvereinheitlichung wurden auch viele der Ortsnamen französisiert. Dabei entstanden Wortschöpfungen, die in manchen Fällen zum Schmunzeln Anlaß gaben. Wie wollte man schließlich Namen wie Meistratzheim oder Krautergersheim und die vielen anderen elsässischen Zungenbrecher in eine französische Form bringen?

Die kulturellen Veränderungen in Sprache, Denken und Lebensstil hatten schließlich zur Folge, daß sich um den deutschen Kern des Elsaß bald eine französische Schale bildete. Zur Zeit der napoleonischen Epoche schlug das patriotische Herz vieler Elsässer bereits für Frankreich, das als stolze Großmacht eine größere Verlockung darstellte als der Überrest des 1806 zusammengebrochenen Heiligen Römischen Reichs Deutscher Nation.

Über der Brunnenanlage auf dem Burgplatz von Eguisheim thront die Statue des Grafen Bruno von Egisheim. Der Sproß einer alten Adelsfamilie wurde 1048 zum Papst gewählt und nach seinem Tode heilig gesprochen. Die achteckige Mauer im Hintergrund sowie die im 19. Jahrhundert errichtete Stadtburg mit der angrenzenden Leokapelle erinnern an das einstige von der Grafenfamilie bewohnte Wasserschloß, das während der Französischen Revolution abgerissen wurde.

In vielen Teilen Europas sah man jetzt ein stärkeres Nationalbewußtsein erblühen. Unter dem Eindruck der Besetzung durch die Truppen Napoleons und der Befreiungskriege erwachte auch in Deutschland der nationale Gedanke, der von vielen Intellektuellen bekräftigt wurde. Politiker und Publizisten, etwa Reichsfreiherr vom Stein, Joseph von Görres, Ernst Moritz Arndt oder Wilhelm von Humboldt, setzten sich wortgewaltig für patriotische Ziele ein. Es sollte nicht lange dauern, bis ihre Stimmen in einem Schwall vaterländischer Begeisterung widerhallten. Die Rückgewinnung von Elsaß und Lothringen war bald ein Hauptanliegen deutscher Politik.

Nach dem Sturz Napoleons I. schien die Möglichkeit, die alten deutschen Reichsgebiete zurückzubekommen, greifbar nahe zu sein. Doch der Wiener Kongreß 1814/15 entschied gegen die Wiedervereinigungspläne; obwohl besiegt, wurde Frankreich in seinen Grenzen von 1792 bestätigt.

Die Gelegenheit der Rückeroberung bot sich erst mit dem deutsch-französischen Krieg von 1870/71. Der deutsche Sieg in der entscheidenden Schlacht bei Sedan, bei der der Kaiser und hunderttausend französische Soldaten in preußische Hand fielen, beendete die napoleonische Ära. Mit der Kapitulation von Paris im Januar 1871 war der Krieg beendet. Frankreich mußte nach dem Friedensschluß von Frankfurt am Main das Elsaß und einen Teil Lothringens mit Metz an Deutschland abtreten. Bismarck machte diese abgetrennten Teile zum Reichsland Elsaß-Lothringen.

Viele Politiker und Gelehrte, wie überhaupt die Mehrzahl der Deutschen, waren damals der Meinung, daß es „nie einen Kampf mit größerem idealen Inhalt" gab und daß die „grause Arbeit der Schlachtfelder einem hohen sittlichen Zweck diente", wie der Schriftsteller Gustav Freytag schrieb. Man fand es mehr als gerecht, daß Deutschland im Vertrag von Frankfurt nur das zurückbekam, was ihm zwei Jahrhunderte zuvor im Westfälischen Frieden entrissen wurde. Es gab allerdings auch kritische Geister, die im Ausgang dieses Kriegs keinen Grund für eine deutsche Euphorie sahen. Friedrich Nietzsche warnte seine Landsleute davor, den Sieg über Frankreich falsch zu deuten; zu leicht könne sich dieser in eine Niederlage umkehren.

Bereits in den ersten Tagen nach Kriegsausbruch war die Annexionsfrage heftig diskutiert worden. So leidenschaftlich wie sich die öffentliche Meinung in Deutschland für die Rückgliederung des Elsaß aussprach, so entschieden widerstrebten die Elsässer diesem Gedanken. Obwohl die Mehrzahl von ihnen, vor allem auf dem Lande, immer noch kein Französisch sprach, hatten sie doch in den vergangenen zweihundert Jahren gelernt, sich als Franzosen zu fühlen. Sie hatten für die revolutionären Ideen von „Freiheit, Gleichheit und Brüderlichkeit" mitgeschwärmt und am Aufstieg Napoleons, den man überall im Elsaß liebevoll „Napi" nannte, teilgehabt. Sie waren am französischen Waffenruhm beteiligt und hatten für die Trikolore gekämpft und geblutet. Solche Eindrücke großer geschichtlicher Augenblicke waren tief in ihrem Bewußtsein verankert. Doch die Gefühle und Anliegen der elsässischen Bevölkerung wurden ebenso wenig berücksichtigt wie die Argumente der Kritiker auf deutscher Seite, die in der Annexion die Gefahr sahen, daß sie das deutsch-französische Verhältnis in Zukunft schwer belasten würde. Den Vorschlag, das betroffene Volk selbst entscheiden zu lassen, zu wem es gehören wollte, wies damals die Augsburger Allgemeine Zeitung entrüstet zurück: „Mit der Rute müssen wir leider anfangen. Die entarteten Kinder müssen unsere Faust fühlen! Der Züchtigung wird die Liebe folgen, und diese wird sie wieder zu Deutschen machen."

Doch ganz so einfach gestaltete sich die Rückkehr in den Schoß der deutschen Familie nicht. Trotz aller Segnungen, die mit dem preußischen Staatswesen vor allem in sozialen Belangen ins Land kamen, fiel es den Elsässern schwer, auf Verlangen ein deutsches Nationalgefühl zu entwickeln und sich an das autoritäre, überwiegend von preußischen Beamten kontrollierte Verwaltungssystem zu gewöhnen. Zigtausend Elsässer wanderten jetzt mit ihrer beweglichen Habe nach Innerfrankreich aus. Der Frankfurter Friedensvertrag hatte die Möglichkeit eingeräumt, daß sich die Bewohner zwischen Deutschland und Frankreich entscheiden konnten. Viele derer, die damals die Heimat verließen, kamen in späteren Jahren wieder zurück. Einer von ihnen war der elsässische Journalist August Schneegans (1835–1898), der seinen Standpunkt so beschrieb: „Franzose kann ich nicht sein, Preuße will ich nicht sein, Elsässer bin ich."

Mit der Zeit kehrte wieder etwas Ruhe ein, und die politische Zugehörigkeit zu Deutschland wurde trotz störender Protestaktionen deutschfeindlicher Gruppierungen kaum noch in Frage gestellt. Man begann die positiven Aspekte des Seitenwechsels zu sehen. Elsaß wie auch Lothringen nahmen am wirtschaftlichen und kulturellen Aufstieg des neu gegründeten Deutschen Reichs teil. Die Verfassungsreform von 1911 gab – ungeachtet einiger Mängel des Vertragswerks – den Provinzen eine Freiheit und Autonomie, die sie vorher unter französischer Herrschaft nicht besessen hatten. Trotz allem blieb auf beiden Seiten ein Rest Mißtrauen gegenüber der Loyalität des anderen bestehen, der eine reibungslose Integration erschwerte.

Die psychologische Eingliederung und der Identitätswechsel verliefen somit nur zögerlich und waren noch nicht ganz abge-

schlossen, als sich im Ersten Weltkrieg für Frankreich die Gelegenheit der Revanche bot. Nach vier Jahren Krieg, der auch dem Elsaß schwere Schäden zufügte, unterlag Deutschland dem zwischen Frankreich, Rußland, England und den Vereinigten Staaten gebildeten Bündnissystem. Als Siegespreis erhielt Frankreich das Reichsland Elsaß-Lothringen zurück. Der erneute Verlust dieser Gebiete bedeutete für viele eine herbe Enttäuschung. Die einheimischen Elsässer fühlten sich von Deutschland im Stich gelassen, weil es sich scheinbar leichten Herzens von ihrem Land trennte. Die Altdeutschen hingegen, die sich nach 1871 im Elsaß niedergelassen hatten, trauerten um ihre neue Heimat, die sie nun verlassen mußten.

Obwohl durch die Friedensbedingungen des Versailler Vertrags die Gebietsabtretungen an Frankreich endgültig zu sein schienen, hielten national gestimmte Kräfte in Deutschland – ähnlich wie die französischen Nationalisten nach 1871 – den Gedanken an eine Revanche fest. Hitler erklärte zwar 1938 in einem Vertrag mit Frankreich, auf Elsaß-Lothringen verzichten zu wollen, doch bald wurde deutlich, daß die Nationalsozialisten den Versailler Vertrag nicht anerkannten und alles daransetzen würden, Vergeltung zu üben.

Außerhalb des historischen Stadtkerns von Straßburg, an einem Flußbecken der Ill, liegt das Europa-Viertel. Hier tagen der Europarat und das Europäische Parlament. Die Abbildung zeigt den Neubau des Europaparlaments.

Die nun folgenden geschichtlichen Ereignisse sind bekannt. Im Juni 1940, nach einem Blitzkrieg und der Zerschlagung Frankreichs durch die Truppen der Wehrmacht, riß Hitler Elsaß und Lothringen ohne vertragliche Vereinbarung an sich. Gewaltsam wurde nun versucht, die elsässische Bevölkerung auf eine deutsche Linie im Sinne des Nationalsozialismus festzulegen. Alles, was französisch war oder nur so schien, wurde ausgemerzt. Wie weit solcherlei Maßnahmen gingen, zeigt zum Beispiel das Verbot, eine Baskenmütze zu tragen. Wer sich dieser Anordnung widersetzte, mußte mit einer Geld- oder Gefängnisstrafe rechnen. Französisch zu sprechen, und sei es nur ein „bonjour", war ebenfalls unter Androhung von Strafe verboten. Französische Beamte und sogenannte „Volksfeinde" hatten das Land zu verlassen. Auf den Litfaßsäulen erschienen Plakate mit dem Aufruf: „Hinaus mit dem welschen Plunder". In der Darstellung sah man einen gallischen Hahn, der vor den Attacken eines Besens flüchtete. Das Trauma dieser Zeit mit den Schrecken von Terror, Unterdrückung, Judenverfolgung, Zwangsrekrutierungen und dem Konzentrationslager „Struthof" sitzt heute noch tief. Knapp fünf Jahre unter nationalsozialistischer Herrschaft reichten aus, daß sich das Elsaß endgültig von Deutschland abwandte. „Hinaus mit dem Schwowe Plunder", so hieß es nach dem Zusammenbruch des Dritten Reichs. Analog zur deutschen Plakataktion wurden in der Illustration Hakenkreuz und Reichsadler von einem Besen davongejagt.

Seit 1945 gehört das Elsaß wieder zum französischen Staat – nicht nur politisch, sondern wie es scheint, auch mit ganzem Herzen! Der Kampf um das Gebiet zwischen Rhein und Vogesen, den Deutschland und Frankreich über drei Jahrhunderte mit politischen, militärischen und psychologischen Waffen erbittert geführt haben, ist beendet. Gegenüber Haß und Fanatismus haben sich mittlerweile die Vernunft und eine Politik des Ausgleichs und der Versöhnung durchgesetzt. Mit der Wahl von Straßburg zum Tagungsort des Europarats (1949) und Sitz des Europäischen Parlaments (1958) tritt der Grenzcharakter des Elsaß zurück, während sich das Bild eines Landes der Begegnung im Herzen Europas zu festigen beginnt. Zu Deutschland will das Elsaß nicht mehr zurück. Doch wünschte man sich ein Stück mehr Autonomie und weniger Bevormundung durch die zentralistische Macht in Paris. „Wir sind nicht für das eine, noch für das andere geschaffen. Wir sind das Volk dazwischen. Und das ist es, was wir noch zu lernen haben: das Dazwischensein", läßt André Weckmann seine Romanheldin Odile sagen.

Zu den bedeutenden prähistorischen Denkmälern Europas gehört die „Heidenmauer", ein gigantischer Wall, der in mehreren Schleifen den Gipfel des Odilienbergs umringt. Sie kommt auf eine Gesamtlänge von etwa zehn Kilometern und ist durchschnittlich 1,70 Meter breit. Bis heute bleiben das Alter wie auch der einstige Zweck dieser Anlage ein Rätsel. Auch ihre Erbauer konnten bislang nicht zweifelsfrei bestimmt werden. Man weiß aber, daß dieser Ort ursprünglich von Kelten bewohnt war. Die Mehrzahl der Forscher nimmt an, daß die Heidenmauer gegen Ende des 2. Jahrhunderts v. Chr. für Verteidigungszwecke errichtet und im 3. Jahrhundert n. Chr. von den Römern als Sicherung gegen germanische Eindringlinge erneuert wurde.

Kaysersberg, in den Vogesenvorbergen am Flüßchen Weiß gelegen, ist nicht nur eines der malerischsten Städtchen an der elsässischen Weinstraße, sondern auch ein Ort, wo die Geschichte deutliche Spuren hinterlassen hat. Sein Name geht auf die 1227 erstmals erwähnte staufische Kaiserburg zurück, die heute noch als Ruine mit einem mächtigen Rundturm die Stadt überragt. Bereits Ende des 13. Jahrhunderts erhielt Kaysersberg das Stadtrecht, und 1354 trat es dem Zehnstädtebund zur Sicherung des Landfriedens bei. Der Blick von der Weiß-Brücke (Abbildung) zeigt einen kleinen Ausschnitt der bezaubernden Stadtanlage.

Auf einem Bergrücken in 755 m Höhe thront die Hochkönigsburg über der elsässischen Ebene. Sie ist der Inbegriff mittelalterlicher Burgenromantik und eine der meistbesuchten Stätten im Elsaß. Schon im 12. Jahrhundert bestand an dieser Stelle eine Burganlage, die von den Staufern errichtet worden war. Mit dem Erlöschen der staufischen Reichsmacht wechselte die Feste mehrmals ihre Besitzer, bis sie im Dreißigjährigen Krieg nach langer Belagerung von den Schweden zerstört wurde. Ende des 19. Jahrhunderts schenkte die Stadt Sélestat die Ruine dem deutschen Kaiser Wilhelm II., der die Burg im mittelalterlichen Stil unter Verwendung von Resten der alten Anlage wieder aufbauen ließ. Die Innenausstattung wurde mit historischem Inventar vervollständigt.

Das kleine Paradies am Oberrhein: Drehscheibe des geistigen und kulturellen Lebens

Zu allen Zeiten bot das kleine Paradies am Oberrhein einen fruchtbaren Nährboden, aus dem ein geistiges und künstlerisches Leben emporstieg. Mit Gottfried von Straßburg, dem Schöpfer von „Tristan und Isolde", fand die deutsche Dichtung des 13. Jahrhunderts einen Höhepunkt. Der satirische Schriftsteller und Frühhumanist Sebastian Brant (1458–1521) war ebenfalls gebürtiger Elsässer. In seinem 1494 gedruckten Hauptwerk „Das Narrenschiff" geißelte er in volkstümlichen, mit Holzschnitten illustrierten Versen die menschlichen Laster und Torheiten seiner Zeit. Daß sein wunderliches Werk damals in ganz Europa Verbreitung fand, verdankte er nicht zuletzt der eben erst entdeckten Buchdruckerkunst, was ihn aber nicht daran hinderte, auch diese bzw. deren Mißbrauch zur Verbreitung geistigen Unrats in spöttischer Weise zu kritisieren. So klagte er:

„Viel Praktik und Weissagekunst
Verbreitet jetzt der Drucker Gunst.
Die drucken alles was man bringt
Und was man schändlich sagt und singt.
Da schaut nun niemand strafend drein
Die Welt, die will betrogen sein!"

Als der Humanismus im 15. Jahrhundert von Italien auf Deutschland übergriff, entwickelte sich das Elsaß zu einer Hochburg dieser Bewegung. Einflußreiche Vertreter der neuen Denkweise, die das Welt- und Menschenbild aus einer vernunftbestimmten Haltung bezog, waren dort Beatus Rhenanus (1485–1547) und Martin Bucer (1491–1551); beide wurden in Schlettstadt (Sélestat) geboren. Mit den Thesen des Predigers Johannes Geiler von Kaysersberg (1445–1510) begann um 1523 in Straßburg die Reformation. 1538 beschloß der Magistrat der Stadt die Gründung einer „Hohen Schule", die dem Rektorat des Reformators Johann Sturm unterstellt wurde. Aus dieser humanistischen Bildungseinrichtung ging 1621 die Universität hervor.

Die elsässische Dichtkunst des 16. Jahrhunderts kennt vor allem den Namen Johannes Fischart (um 1546–1590), der u. a. mit satirischen Schriften und der Übersetzung von Rabelais Aufsehen erregte.

In der frühen Baukunst, der Romanik, entwickelte das Elsaß aus den Anregungen, die von Osten und Westen in das Land strömten, einen eigenen, unverwechselbaren Stil, den man heute noch an zahlreichen Kirchenbauten aus dem 11. bis zum 13. Jahrhundert bewundern kann. Zu den wichtigsten der noch etwa 30 bestehenden Denkmäler des romanischen Elsaß gehören die Kirchen von Ottmarsheim, Guebwiller, Sélestat, Rosheim, Epfig, Eschau und Marmoutier. Das Kostbarste aber ist die ehemalige Klosterkirche von Murbach. Sie liegt oberhalb des Städtchens Guebwiller am Fuß des Grand Ballon. Schon der erste Eindruck, den der Besucher von ihr empfängt, ist ein beglückendes Erlebnis: Nach dem Aufstieg durch das enge Murbachtälchen steht man plötzlich vor dem alten Portal der Abtei, hinter dem die beiden quadratischen Türme aus rötlichem Sandstein emporsteigen und einen wunderbaren Kontrast zu dem dunklen Tannengrün bilden. Es gibt keine schönere Harmonie von Architektur und Landschaft. Der Klosterbischof Pirminius hatte die Abtei zusammen mit dem Stifter Graf Eberhard Anfang des 8. Jahrhunderts gegründet. Bereits im darauffolgenden Jahrhundert erlebte sie eine Zeit der ersten Blüte. Als ein Zentrum wirtschaftlicher und geistiger Betriebsamkeit hatte sie maßgeblichen Einfluß auf die politische Gestaltung im gesamten oberelsässischen Gebiet. Nach einer Zwischenzeit des Niedergangs erhob sich das Kloster im 12. Jahrhundert zu neuem Glanz. In diese Zeit fällt auch der Bau der Kirche, von der heute nur noch die zwei Osttürme, das Querhaus und das von zwei hohen Kapellen flankierte Chorhaupt vorhanden sind. Der Vandalismus im Dreißigjährigen Krieg hatte die Abtei zerstört. Doch selbst als Torso gibt die Kirche ein Zeugnis von ihrer romanischen Schönheit – im Detail wie auch am ganzen Baukörper.

Die Kirche von Ottmarsheim mit ihrem achteckigen Zentralbau ist ein architektonisches Kleinod der vorromanischen Baukunst. 1049 von Papst Leo IX. eingeweiht, gehörte sie ursprünglich zu einem Benediktinerinnenkloster.

Auch in der bildenden Kunst leisteten Elsässer beachtliche Beiträge. In Colmar lebte und arbeitete Martin Schongauer (um 1450–1491). Wie kein anderer seiner Zeit beherrschte er die Kunst des Kupferstichs. Auch als Maler gelang es ihm, Ansehen und Einfluß zu gewinnen. Sein vielleicht bedeutendstes Werk – das 1473 geschaffene Altarbild „Madonna im Rosenhag" – schmückt heute den Chor der Dominikanerkirche in Colmar.

In Straßburg entfaltete der Maler und Holzschneider Hans Baldung (1484/85–1545) eine lebhafte Tätigkeit. Man nannte ihn „Grien", den Grünen – vermutlich als Hinweis auf die besondere Art seiner Grüntöne. Obwohl über die Herkunft dieses eigenwilligen Künstlers nichts Genaues bekannt ist, darf man annehmen, daß seine Wurzeln im Elsaß liegen. Nach den Lehrjahren, die er in Straßburg verbrachte, zog es ihn nach Nürnberg, um bei Dürer als Geselle zu arbeiten. Später kehrte er nach Straßburg zurück und erhielt dort 1509 das Bürgerrecht. Die Bandbreite seines Schaffens war weit gespannt. Motive der antiken Mythologie bestimmten sein künstlerisches Interesse ebenso wie Themen aus dem Alten und Neuen Testament. So gehört die zwischen 1512 und 1516 geschaffene Tafelmalerei des Hochaltars im Freiburger Münster zu seinem Hauptwerk.

Das kreative Klima, unter dessen Einfluß das Elsaß damals stand, mußte sich auch auf schöpferische Menschen benachbarter Regionen anziehend auswirken. So kamen zahlreiche Künstler von außerhalb ins Land, um in Colmar, Straßburg oder anderen Orten zu lernen, Ideen auszutauschen und gestalterische Visionen zu verwirklichen. Besonders das Münster in Straßburg bot vielen fremden Künstlern Gelegenheit, sich weiterzuentwickeln. Neben Köln und Wien galt die Stadt als eine der drei großen Bauhütten.

Unter den Kunstschaffenden, die im Elsaß gearbeitet haben, ragt eine Persönlichkeit besonders hervor: Matthias Grünewald (1470/75–1528). Der aus dem mainfränkischen Gebiet stammende Künstler – eigentlich hieß er Mathis Gothart Nithart – schuf zwischen 1512 und 1516 die weltberühmten Bilder des „Isenheimer Altars". Mehr als eine Viertelmillion Menschen kommen jährlich nach Colmar, nur um dieses sakrale Kunstwerk zu sehen! Es ist der kostbarste Schatz des Unterlinden-Museums.

Die Pfarrkirche St. Peter und Paul in Rosheim gilt als ein Meisterwerk der Romanik im Elsaß. Obwohl der im 12. Jahrhundert entstandene Bau in der Folgezeit durch mehrfache Restaurierungen verändert wurde, stellt er eine in sich geschlossene Einheit dar. Wuchtig wirken die Pfeiler, Säulen und Arkaden des Innenraums.

Eingebettet im Grün eines engen Tals unterhalb des höchsten Vogesengipfels liegt die ehemalige Klosterkirche von Murbach. Nur die zwei Osttürme, das Querhaus und der von zwei Kapellen flankierte Chor blieben von dem im 12. Jahrhundert errichteten Bau erhalten. Doch auch als Torso hat die Kirche von ihrer einstigen romanischen Schönheit nichts eingebüßt. Sie gehörte zu einer schon Anfang des 8. Jahrhunderts gegründeten Benediktinerabtei, die während ihrer Blütezeit einen hohen Einfluß auf die wirtschaftliche, geistige und politische Entwicklung der Region ausübte. Während der fränkischen Herrschaft wurde sie mit besonderer Gunst behandelt und genoß außergewöhnliche Privilegien; von 791 bis 794 hatte Karl der Große selbst die Leitung des Klosters übernommen. Während des Dreißigjährigen Kriegs (1618–48) zerstörten die Truppen des Herzogs von Weimar Abtei und Kirche. Spätere Bemühungen um den Wiederaufbau im Stil der Zeit wurden nach anfänglichen Arbeiten wieder eingestellt.

Zu den großen Schätzen, die das Elsaß besitzt, gehört die Humanistenbibliothek in Sélestat. Eigentlich besteht sie aus zwei Bibliotheken, der Büchersammlung der 1441 gegründeten Lateinschule und der Privatbibliothek des Humanisten Beatus Rhenanus (1485–1547). Der berühmte Gelehrte hatte wenige Tage vor seinem Tod das Kostbarste, das er besaß, seiner Geburtsstadt überlassen: seine gesammelten Handschriften, Drucke aus dem 16. Jahrhundert sowie Inkunabeln, also Bücher, die vor 1500 gedruckt wurden. Insgesamt waren es etwa 670 in Leder gebundene Bände, von denen manche zehn oder zwanzig verschiedene Werke umfaßten, die damals in den Besitz der Stadt übergingen. Die „Rhenana", wie die Sammlung genannt wird, ist die einzige vollständige Humanistenbibliothek an einem Ort. Die Abbildung zeigt den Rhenanus-Saal mit der Büste von Johannes Mentel, einem um 1410 in Schlettstadt geborenen Drucker, aus dessen Werkstatt einige der ersten Wiegendrucke stammen.

1862
MENTEL
DE
SCHLESTADT
INVENTEUR
L'IMPRIMERIE

Poesie in Stein: Obwohl der gotische Kreuzgang der ehemaligen Klosterkirche St. Peter und Paul in Wissembourg nicht mehr vollständig erhalten ist und nur noch aus einer Galerie besteht, gehört er zu den schönsten Anlagen dieser Art im Oberrheingebiet. Die erste Kirche an dieser Stelle entstand im Zusammenhang mit einer im 7. Jahrhundert gegründeten Benediktinerabtei. Nach ihrer Zerstörung folgte ein romanischer Bau, der im 13. Jahrhundert durch die heutige, im Stil der frühen Gotik errichtete Kirche ersetzt wurde. Als einziger Zeuge des romanischen Vorgängerbaus blieb der Glockenturm an der Westfassade erhalten.

Straßburg: wo sich Europa trifft

O *Straßburg, o Straßburg, du wunderschöne Stadt!* So heißt es in einem alten Volkslied. Trotz allen baulichen Umgestaltungen und Erweiterungen, trotz Wachstum und den damit verbundenen notwendigen Veränderungen während der letzten zweihundert Jahre, stimmt man dem Lob früherer Poeten auch heute noch gerne zu: In seinem Kern ist Straßburg eine wunderschöne Stadt geblieben. Während ihrer 2000-jährigen Geschichte hat sie die Bedeutung als ein Zentrum abendländischer Kultur und als ein Ort, wo europäische Geschichte geschrieben wurde, immer wieder deutlich herausgestellt. Die zurückliegende politische Entwicklung des Elsaß, die durch den Jahrhunderte andauernden Streit zwischen den einstigen Gegnern Deutschland und Frankreich unter keinem günstigen Stern stand, tritt nirgends deutlicher zutage, als in seiner Hauptstadt. Mit der Einrichtung internationaler Organisationen nach dem Zweiten Weltkrieg trat Straßburg erneut aus dem provinziellen Rahmen heraus und zeigte sich als ein angemessener Ort der Begegnung und Völkerverständigung. An den Ufern der Ill treffen sich heute die Vertreter Europas, um Fragen und Probleme zu beraten, die von gemeinsamem Interesse sind.

Man mag es symbolhaft deuten, daß die Ill, der Heimatfluß des Elsaß, sich vor dem Zentrum Straßburgs teilt und mit seinen Armen den historischen Stadtkern wie eine Befestigungsmauer schützend umschließt. In diesem inneren Ring, der nirgends mehr als 1500 Meter Durchmesser mißt, schlägt das Herz der alten Stadt, die in poetischen Schilderungen oft besungen wurde und die Besucher so liebenswürdig finden. Hier haben sich etwa 150 Bürgerhäuser aus dem 16. und 17. Jahrhundert erhalten. Mit prachtvollen Fassaden säumen sie enge Gassenfluchten und tragen einen Hauch jener Epoche, die zu der glücklichsten der Stadt zählte, in die Gegenwart. Doch auch die nachfolgende Zeit hat sichtbare Spuren hinterlassen. Das 18. Jahrhundert durchbrach die charakteristische Atmosphäre einer alten deutschen Reichsstadt und schuf mit der Anlage weiträumiger Plätze und dem Bau von Palästen ein Gegengewicht zu dem alten architektonischen Ensemble. An vielen Stellen aber, wie im Gerberviertel oder am Ferkelmarkt, der Place du Marché-aux-Cochons-de-Lait, sieht es heute noch so aus wie in nachmittelalterlicher Zeit. Die verschachtelten, mit aufwendigem Fachwerk kunstvoll miteinander verstrebten Häuser bezaubern mit elsässischem Charme. Keines ist wie das andere; durch unterschiedliche Anordnung der Balken, durch Auflösung der Fassaden mit Balkonen, Galerien oder hervorkragenden Bauteilen und durch Verwendung von Erkern, Konsolen, Dachgauben und kunstvoll verziertem Holzwerk trägt jedes eine persönliche Note zur Schau. Im Sommer wetteifern alle um den üppigsten Blumenschmuck.

Überall in der Altstadt findet man eine gemütliche Winstub, wo der kräftige Duft eines Munsterkäses, das verführerische Aroma einer Pastete oder eines Flammekueche und das charakteristische Bouquet des Gewürztraminers zu einer Rast einladen.

Die meisten Sehenswürdigkeiten Straßburgs konzentrieren sich auf der von Ill und Stadtgrabenkanal gebildeten Altstadtinsel. Im Mittelpunkt, dort, wo in keltogallischer Zeit bereits eine heidnische Kultstätte bestand und sich während der römischen Epoche ein Tempel erhob, dominiert das berühmteste Bauwerk der Stadt und des gesamten Elsaß: das Münster Notre Dame. Für den Gelehrten Sebastian Münster (1488–1552) war die Kathedrale das achte der sieben bereits bestehenden Weltwunder. Kommt man durch die Rue Mercière, trifft der Blick zunächst nur auf einen Ausschnitt der mächtigen Fassade: das prachtvolle, mit Skulpturen ge-

Die aus dem 17./18. Jahrhundert stammenden Fachwerkhäuser im Straßburger Altstadtteil „La Petite France" gehören zu den malerischsten Bauten des Viertels. Hier war einst die Gerberzunft zu Hause.

schmückte Hauptportal, die 16-strahlige Fensterrose und die darüber angeordnete Apostelgalerie. Erst auf der Place de la Cathédrale stellt sich dem Betrachter die mit filigranem Maßwerk tausendfach durchbrochene Wand in ihrer ganzen Herrlichkeit entgegen. Jedes Bauglied, jedes Schmuckteil dieser steinernen Symphonie strebt zum Himmel und zwingt den Blick nach oben zur abschließenden Galerie und weiter zum Turm, der in 142 Meter Höhe mit einer Kreuzblume abschließt. Wenn der rötliche Vogesensandstein, in den Spätnachmittagsstunden von der Sonne angestrahlt, zu leuchten beginnt, wirkt die Fassade wie ein gewaltiger Akkord, wie ein von brausender Orgelmusik angestimmtes Te Deum. Auch Goethe, der bekanntlich nicht zu den Bewunderern gotischer Baukunst gehörte – bis zu dem Zeitpunkt, als er das Straßburger Münster sah –, war von diesem Anblick begeistert und fand, „daß hier das Erhabene mit dem Gefälligen in Bund getreten sei“.

Der Plan dieser als Wunderwerk der Gotik gefeierten Westfront, deren Grundstein 1277 gelegt wurde, wird dem Meister Erwin, genannt von Steinbach, zugeschrieben. Das Münster ist aber kein einheitliches Bauwerk; vielmehr zeigt es in seinen Teilen verschiedene Phasen mittelalterlicher Baukunst. Nachdem eine romanische Vorgängerkirche aus dem 11. Jahrhundert unter mehreren Bränden arg gelitten hatte, begann man um 1180 einen Neubau im gotischen Stil. Die Ausführung, in die Generationen deutscher wie französischer Baumeister und Steinmetze ihre Ideen eingebracht haben, zog sich über drei Jahrhunderte hin.

Der Engelspfeiler im Straßburger Münster, auf dem das Gewölbe des südlichen Querschiffs ruht, ist reich mit Skulpturen geschmückt. Der Bildausschnitt zeigt die Evangelisten.

Im Innern der dreischiffigen Basilika findet man noch Hinweise auf die ursprüngliche romanische Kirche, etwa im Chor und in der darunter liegenden Krypta. Sonst aber sind Architektur und Ausstattung in schönster Gotik ausgeführt. Besondere Aufmerksamkeit verdienen neben den Glasmalereien der Engelspfeiler und die astronomische Uhr mit Figurenspiel. Ein herrliches Kleinod spätgotischer Steinmetzkunst ist die mit rund 50 Statuetten prächtig ausgeschmückte Kanzel, die eigens für den berühmten vorreformatorischen Prediger Geiler von Kaysersberg geschaffen wurde.

Die zentrale Lage macht den Münsterplatz zu einem geeigneten Ausgangspunkt für einen Bummel durch die Gassen der Altstadt und für eine Besichtigung der zahlreichen architektonischen Kostbarkeiten. Gleich an seinem nordöstlichen Ausgang fällt ein altertümliches, mit reizenden Holzschnitzereien und -malereien geschmücktes Fachwerkhaus auf, die Maison Kammerzell. Über einem steinernen Erdgeschoß aus dem Jahre 1467 ruhen drei Stockwerke, deren Ausgestaltung mit 75 Fenstern durch einen reichen Käsehändler 1587 veranlaßt wurde. Heute ist das Haus eine Adresse der gehobenen elsässischen Gastronomie, in der traditionelle Krautgerichte mit unkonventionellen Kombinationen zur Spezialität gehören.

Zwischen Münster und Ill erhebt sich die monumentale Anlage des zwischen 1730 und 1742 im französischen Régence-Stil erbauten Palais Rohan. Bis zur Französischen Revolution war das Schloß Residenz der Bischöfe aus dem Hause Rohan. Danach wechselte es mehrmals seine Besitzer,

Ein Meisterwerk der Mechanik ist die zwischen 1571 und 1574 gefertigte astronomische Uhr. Sie gehört zu den vielbestaunten Sehenswürdigkeiten im Straßburger Münster.

bis es schließlich der musealen Nutzung zugeführt wurde. An die Westseite des Schlosses grenzt das Museum l'Œuvre Notre-Dame. Hier war seit Mitte des 14. Jahrhunderts die Münsterbauhütte untergebracht. Im ersten Stockwerk des Renaissanceflügels findet man einen Saal mit Werken von Hans Baldung Grien, dessen Schaffen eng mit Straßburg verbunden war.

Zurück zum Münsterplatz und weiter durch die Rue Mercière gelangt man direkt auf den Gutenbergplatz, der dem Andenken des Erfinders der Buchdruckerkunst gewidmet ist. Johannes Gutenberg (1397–1468) wurde zwar in Mainz geboren, mußte aber aus politischen Gründen seine Heimatstadt verlassen und verbrachte etwa zehn Jahre in Straßburg, wo er die Arbeiten an seiner epochalen Erfindung vorantrieb. Sein von David d'Angers 1840 geschaffenes Denkmal schmückt die Mitte des Platzes. Im Hintergrund bildet die repräsentative Renaissancefassade der Handelskammer, die einstmals das Rathaus Straßburgs war, eine prächtige Kulisse.

Vom Gutenbergplatz führt die Rue du Vieux-Marché-aux-Poisssons in Richtung der Ill vorbei an schönen Fachwerkhäusern und Renaissancebauten zum Alten Fischmarkt. In dem Gebäude mit der Nr. 36 hatte Goethe während seiner Straßburger Studienzeit gewohnt. In entgegengesetzter Richtung gelangt man zur Place Kléber, dem weiträumigsten und belebtesten Platz der Altstadt. Die Bezeichnung der Örtlichkeit wechselte etwa ebenso häufig, wie sich auch seine Bestimmung änderte: Ursprünglich war er ein Friedhof, dann Richtplatz, Weinmarkt und Paradeplatz. Seine bislang letzte Aufgabe ist es, das Andenken an den aus Straßburg stammenden General Kléber (1753–1800) zu bewahren, der an der Seite Napoleons I. in Ägypten kämpfte und dort drei Monate nach dem Sieg in der Schlacht von Heliopolis ermordet wurde. Sein Denkmal erhebt sich in der Mitte des Platzes. Ob man sich mit den baulichen Veränderungen ringsum und dem architektonischen Stilgemisch von deutsch, französisch, wilhelminisch und elsässisch anfreunden kann, mag jeder für sich entscheiden; die Straßburger jedenfalls scheint es wenig zu bekümmern, für sie ist dieser Platz mit seinen vielen Cafés und seiner Lebhaftigkeit ein beliebter Treffpunkt.

Die verzweigten Wege der Touristen und Besucher treffen bei einem Stadtrundgang

Die „Maison Kammerzell" im Schatten des Münsters ist nicht nur Straßburgs prunkvollstes Fachwerkhaus, sondern auch eine Kultstätte für Gourmets. Über dem steinernen Erdgeschoß aus dem 15. Jahrhundert entstanden bei einem späteren Umbau drei Stockwerke mit reichem Fassadenschmuck.

vor allem im Viertel La Petite France zusammen. Mit seinen alten Fachwerkhäusern, die sich im Wasser spiegeln, den romantischen Winkeln und gemütlichen Gasthäusern gehört der von mehreren Illarmen zerteilte Stadtteil zu den malerischsten Straßburgs. In der Vergangenheit waren hier vor allem Gerber und Müller ansässig, die sich die Verfügbarkeit des Wassers zunutze machten. Die Rue du Bain-aux-Plantes ist hier besonders reizvoll. Manche Häuser haben noch die bei der Gerberzunft so typischen Trockengalerien unter den Dächern. Dicht am Wasser steht die Gerwerstub von 1572, das frühere Zunftlokal der Gerber. Der anheimelnde Name für das Viertel „Klein Frankreich" mag irreführend sein, denn er bezieht sich keineswegs auf das idyllische Bild, in dem es sich darstellt. Vielmehr geht er auf ein Hospital für Syphiliskranke aus dem 16. Jahrhundert zurück. Da man die Krankheit damals auch als Franzosenkrankheit bezeichnete, hieß das Krankenhaus im Volksmund „Zum Französel" bzw. La petite France. Schließlich ging der Name auf den gesamten Stadtteil über.

Stadtauswärts wird Klein Frankreich von den Ponts Couverts, den Gedeckten Brücken, begrenzt. Sie waren Teil der alten Stadtbefestigung, zu der auch die vier mächtigen Wachtürme gehörten. Einen herrlichen Blick auf das Ensemble mit der dahinterliegenden Altstadt ermöglicht die Aussichtsterrasse der Barrage Vauban, auch Große Schleuse oder Staudamm genannt. Die Anlage wurde im Rahmen des von Vauban Ende des 17. Jahrhunderts geplanten Verteidigungssystems gebaut. Mittels eingebauter Schleusentore konnte der Fluß gestaut und sein Verlauf so gesteuert werden, daß er die südliche Umgebung der Stadt überschwemmte und dadurch feindliche Annäherungen erschwerte. Diese Verteidigungsmethode soll zum letzten Mal während der deutschen Stadtbelagerung 1870 angewandt worden sein. Doch solcherlei Informationen, die hier während einer Sightseeing-Tour unzählige Male gegeben werden, interessieren den Besucher nur am Rande. Viel zu sehr ist er gefangen von dem faszinierenden Blick über die Dächer Straßburgs, aus dessen Mitte sich das Münster majestätisch erhebt.

„Und es ward Licht…". Johannes Gutenberg druckte seine berühmte 42zeilige Bibel zwar in Mainz, doch zuvor hatte er in Straßburg, wo er ab 1434 längere Zeit lebte, an seiner weltbewegenden Erfindung gearbeitet und vermutlich schon dort die ersten Druckpressen herstellen lassen. Auf dem Gutenbergplatz steht sein Denkmal mit der Schriftrolle „Et la lumière fut".

Abendlicher Blick auf die Illbrücken, die sogenannten Ponts Couverts. Die Bezeichnung „Gedeckte Brücken“ hat militärische Bedeutung und bezieht sich auf die mit Schießscharten versehenen Wachtürme, die zur alten Stadtbefestigung gehörten. Bereits im 14. Jahrhundert war die Ill, die sich hier in mehrere Arme verzweigt, überbrückt. Diese aus Holz bestehenden Anlagen wurden im 19. Jahrhundert durch Steinbauten ersetzt und mit Fallgittern ausgestattet. Die vier Wehrtürme wurden in der Vergangenheit auch als Gefängnis benutzt.

Ein wenig außerhalb des historischen Stadtkerns liegt das alte Gerber- und Müllerviertel „La Petite France". Besonders die Rue du Bain-aux-Plantes mit ihren gut erhaltenen Fachwerkhäusern aus dem 16., 17. und 18. Jahrhundert, die sich im Wasser der Ill spiegeln, gehört zu den malerischsten Teilen Straßburgs. Charakteristisch für die Bauten sind die vorspringenden Stockwerke, die Galerien und die heruntergezogenen Dächer, unter denen die gegerbten Häute trocknen konnten. Das stattliche, dicht am Wasser stehende und mit Blumen geschmückte Gebäude links im Bild ist die „Gerwerstub" von 1572.

Der Figurenschmuck am rechten Seitenportal des Straßburger Münsters stellt die biblische Allegorie der klugen und der törichten Jungfrauen dar. Schon im 13. Jahrhundert, als die Skulpturen entstanden, schien das Abgründige der menschlichen Seele die künstlerische Phantasie besonders zu beflügeln. Denn die Darstellung der törichten Jungfrauen (Abbildung) fällt durch ihre besondere Ausdrucksstärke und Lebendigkeit auf. Die linke Figur hält verführerisch einen Apfel hoch, während die anderen ihre Öllämpchen entleert haben als Zeichen der Bereitschaft, den Versuchungen – welcher Art auch immer – nachzugeben.

Besucht man ein fremdes Land, sollte man als erstes von seinem Wasser kosten; das erst gäbe einem den wahren Geschmack von der Fremde, meinte Tucholsky im Verlauf einer poetischen Schwedenreise. Wäre nun aber der Schauplatz seiner Sommerliebe nicht Schloß Gripsholm gewesen, und hätte ihn damals der literarische Auftrag nicht in den Norden, sondern in entgegengesetzte Richtung, ins Elsaß, geführt, dann darf man sicher sein, daß er, der in seinem wirklichen Leben die edleren Tropfen keineswegs verschmähte, zu einer anderen Einsicht gekommen wäre. Vermutlich hätte er den Rat befolgt, den eine Brunneninschrift aus dem Jahre 1618 in Kaysersberg dem Durstigen mit auf den Weg gibt. Da heißt es:

Drinckstu Waser in deim Kragen
über Disch, es kält din Magen.
Drink mäsig alten subtiln Wein
rath ich und las mich Waser sein!

Das Wesen des Elsaß offenbart sich nicht im Wasser – man schmeckt es in seinem Wein. Er wurde hier schon getrunken, lange bevor die römischen Legionen in den ersten Jahrhunderten n. Chr. den Rebbau am linken Rheinufer einführten und systematisch betrieben. Händler aus Süditalien, so heißt es, hätten ihn zuvor als Tauschprodukt über die Alpen gebracht. Eine erste Zeit der Blüte begann für den elsässischen Wein im Mittelalter; schon damals wurde er in großen Mengen exportiert und gehörte bald zu den berühmtesten und teuersten Weinen Europas. Über sein Anbaugebiet äußerte sich der französische Philosoph Michel de Montaigne im 16. Jahrhundert anläßlich einer Reise in dieser Region: „Wir fanden eine schöne große Ebene vor mit prächtigen, wohlgepflegten Weinbergen zur linken Hand, deren Ausdehnung so groß war, daß die anwesenden Gascogner meinten, sie hätten nie soviel Reben auf einmal gesehen." Dann kam der Dreißigjährige Krieg, mit dem der elsässische Weinbau in eine über mehrere Jahrhunderte andauernde Krise stürzte. Die späteren Revolutionskriege, ferner der Verlust des Elsaß an Deutschland, aber auch Mehltau- und Reblausbefall führten zu weiteren Qualitätseinbußen. Erst nach Ende des Ersten Weltkriegs konnte sich das verwüstete Weinland, das bis dahin auf 20 000 Hektar geschrumpft war, allmählich erholen. Die Umstellung auf Edelsorten und eine auf Qualität ausgerichtete Produktion führten schließlich dazu, daß elsässische Weine wieder den Anschluß an die Weltspitze der edlen Tropfen fanden. Mit sieben klassischen Rebsorten – Sylvaner, Pinot blanc und Pinot noir, Tokay d'Alsace, Muskateller, Gewürztraminer und Riesling – erzeugen rund 8000 Winzerfamilien jährlich etwa eine Million Hekoliter Wein. Vier Prozent der Gesamtproduktion entfallen auf Spitzenweine, deren Gütesiegel den Zusatz Grand Cru trägt.

Der Weinanbau bestimmt das Bild der elsässischen Landschaft. In wohlgeordneten Reihen folgen die Weinstöcke bergauf, bergab der hügeligen Struktur des Vogesenvorlandes. Dort, wo die Neigung der Hänge zu groß ist, hat man schmale, durch Mauerbänder gestützte Terrassen angelegt. Typisch ist heute die Vielzahl kleiner Weinberge, die erst nach der Revolution durch die Aufteilung einst großer zusammenhängender Güter geschaffen wurden. Zwischen den Weinbergen eingebettet liegen malerische Winzerorte. Sie sind verbunden durch die berühmte „Route du Vin", die sich vom nördlichen, etwa auf der Höhe von Straßburg gelegenen Marlenheim bis zum südlichen Thann schlängelt. Diese etwa 150 Kilometer lange und abseits der Hauptverkehrsadern verlaufende Touristenstraße zeigt das Elsaß von seiner malerischsten und heitersten Seite. Wie Perlen einer Kette liegen an ihr die Weinorte aufgereiht, darunter auch das berühmte Kaysersberg, Eguisheim, Riquewihr oder Ribeauvillé – Namen, die in einem Atemzug genannt werden, wenn von den Höhepunkten der Route du Vin die Rede ist.

Das Rebenmeer zwischen Eguisheim und Husseren-les-Chateaux wird trotzig beherrscht von den „Drei Egsen". Diese drei Bergfriede – Weckmund, Wahlenburg und Dagsburg genannt – wurden zwischen dem 11. und 13. Jahrhundert für die Grafen von Egisheim gebaut.

Einer ist schöner als der andere, in ihrem Kern sind sie aber alle gleich: Enge Gassen, anheimelnde Plätze mit einem prächtig ornamentierten Brunnen, Fachwerkhäuser mit hohen Dächern und dezent getöntem Putz, geschnitzte Eckpfosten und verzierte Fenstereinfassungen und überall üppiger Blumenschmuck – das alles verbreitet ein bezauberndes Flair. Meistens sind noch Reste der mittelalterlichen Stadtmauer mit ihren Tortürmen vorhanden. Und nicht zu vergessen: die gemütlichen, oft im bäuerlichen Stil eingerichteten Weinstuben, die Wiistubn oder Winstubn, wie man sie je nach Region nennt. Mit phantasievoll gestalteten Wirtshausschildern an den Fassaden laden sie zur Einkehr ein, um bei einem Glas Wein und einer Kleinigkeit aus der Küche elsässische Lebensart zu genießen.

Charakteristisch für die Anwesen der Winzer ist die von einem mächtigen Torbogen überspannte Einfahrt. Diese führt in einen geräumigen Innenhof, wo die Maschinen und Gerätschaften eines Weinbauern untergebracht sind. Hier befindet sich auch der Zugang zum Weinkeller mit der Traubenpresse und den riesigen, aus Holz gefertigten Weinfässern. Schilder mit der Aufschrift „Dégustation de vin" laden den Besucher zu einer Weinprobe ein und weisen darauf hin, daß man hier direkt beim Erzeuger einkaufen kann.

Einladung auf elsässisch: Das schmiedeeiserne Wirtshausschild sagt mehr als viele Worte auf der Speisenkarte und macht Lust, hier einzukehren.

Unter den vielen beachtenswerten Ortschaften entlang der Weinstraße gibt es einige, die neben ihrer pittoresken Erscheinung und von Gourmetspezialisten getesteten Gastronomie auch wegen ihrer kulturgeschichtlichen Bedeutung besondere Aufmerksamkeit verdienen. Zu ihnen gehört Thann am südlichen Ende der Rebenlandschaft. Das am Flüßchen Thur zu Füßen der Engelsburg gelegene Städtchen ist nicht nur für seinen Spitzenwein, einen Grand Cru mit dem Namen Rangen, weithin bekannt. Viele Besucher kommen hierher, um die Stiftskirche St.Thiébaut zu bestaunen: einen graziös wirkenden Bau, dessen Turm mit zierlicher Eleganz zum Himmel strebt. Neben dem Straßburger Münster gehört sie zu den Hauptwerken der elsässischen Gotik.

Die heutige Kirche entstand Anfang des 14. Jahrhunderts aus einer zuvor schon bestehenden Wallfahrtskapelle. Wie eine Legende berichtet, habe man zur Beschleunigung der Bauarbeiten den Mörtel mit einem besonders guten Wein angerührt. Da bis zur Vollendung fast zwei Jahrhunderte vergingen, darf man annehmen, daß dieses Verfahren wohl doch keinen Einfluß auf eine zügigere Fertigstellung genommen hatte. Vielleicht lag es aber auch am Wein. Nicht, daß man an dessen Qualität etwas auszusetzen gehabt hätte, ganz im Gegenteil. Der Rebensaft war sicherlich zu gut und gelangte deshalb nicht in der vorgeschriebenen Menge in den Mörtel, sondern floß in die Kehlen durstiger Maurer.

Ein besonderes Kunstwerk des Münsters ist seine Westfassade, die von einem 15 Meter hohen Portal beherrscht wird. Über die beiden Bogenfelder der Doppeltür, in denen links die Kreuzigung und rechts die Anbetung der Heiligen Drei Könige dargestellt sind, spannt sich ein drittes Tympanon mit Szenen aus dem Leben Mariens. Erstaunlich ist, mit welcher Vielfalt und Freude am Detail die Skulpturen – insgesamt sind es fast 500 Figuren – ausgeführt wurden.

Ein lohnender Spaziergang in Thann ist der Aufstieg zur Ruine der Engelsburg, die mit ihrem „Hexenauge" auf die Stadt herabblickt. Sie gehörte einst zum habsburgischen Besitz und wurde, nachdem dieser an Frankreich gefallen war, gesprengt. Dabei fiel der runde Bergfried auseinander; übrig blieb nur ein Mauerring von der Form eines riesigen aufgerichteten Mühlsteins. Dieses merkwürdige, als Hexenauge

Einladung zu einer anderen Art von Einkehr sind die Figuren am Hauptportal des Münsters in Thann. Die Abbildung zeigt einen kleinen Ausschnitt der fast 500 Skulpturen, die die Portalwand schmücken.

bezeichnete steinerne Konglomerat wurde zu einem Denkmal, das aus großer Höhe den Eingang des Thurtals optisch beherrscht.

Weiter auf der Weinstraße in Richtung Norden kommt man nach Rouffach. Das Städtchen hat einen schönen, geräumigen Marktplatz, der mit der romanisch-gotischen Liebfrauenkirche, umringt von Gebäuden aus Mittelalter und Renaissance und dem etwas im Hintergrund stehenden Hexenturm, ein hübsches Stadtbild abgibt.

Bereits in Sichtweite der Stadtrandbezirke von Colmar liegt Eguisheim. Alles, was dem Fremden am Elsaß so liebenswert erscheint, ist hier auf engstem Raum zusammengefaßt. Das uralte Städtchen hat

Der Innenhof des Weinguts Bruno Sorg in Eguisheim ist ein idyllischer Ort, wo die zweckgebundenen Einrichtungen des Betriebs in die Ästhetik des Wohnbereichs mit eingebunden sind.

sich kreisförmig um die Wasserburg der Grafen von Egisheim-Dagsburg gebildet, in der vermutlich der spätere Papst Leo IX. geboren wurde. Sein Bildnis schmückt den großen Brunnen im Zentrum, um den sich viele schöne Fachwerkbauten scharen. Der Häuserkranz, der die Stadt umschließt, bildet einen geschlossenen Befestigungsring, dessen fensterlose Mauerwände von außen wehrhaft und abweisend wirken. Doch die nach innen zum ehemaligen Wehrgang gerichtete Seite zeigt mit ihren farbigen Fassaden, den hübschen blumengeschmückten Treppen und Erkern die schönste Wohnidylle. Am oberen Ortsausgang führt ein Sträßlein durch die Weinberge über Husseren-les-Châteaux zu den „Drei Egsen“. Das sind drei Burgfriede, die den Grafen von Egisheim gehörten und deren Namen tragen: Weckmund, Wahlenburg und Dagsburg.

Vorbei an Colmar führt die Weinstraße über Ammerschwihr, einem Winzerort, dessen Namen bei Gourmets mit dem Restaurant „Aux Armes de France“ und dem schon legendären Weinberg „Kaefferkopf“ verbunden ist, nach Kaysersberg. Die alte, am Flüßchen Weiß gelegene ehemalige Reichsstadt ist der Geburtsort von Albert Schweitzer. Auch Johannes Geiler, der berühmte Prediger im Straßburger Münster und Vorbereiter der Reformation, war, obwohl hier nicht geboren, ein Sohn dieser Stadt; in seinem Namen trug er den Zusatz „von Kaysersberg“. Immer noch mittelalterlich erscheint das Stadtbild an manchen Stellen, etwa in der Umgebung der mit Brustwehr und Schießscharten ausgestatteten Weißbrücke aus dem Jahre 1514. Überthront wird Kaysersberg vom mächtigen Rundturm seiner Stauferburg, die einst Sicherheit und Wohlstand brachte.

Am Saum eines Nachbarhügels sonnt sich inmitten berühmter Weingärten das reizvolle Riquewihr. Für viele verkörpert es das Ideal eines elsässischen Weinorts. So wim-

melt es hier vom Frühjahr bis zum Herbst von Fremden, die durch die verwinkelten Gassen strömen und das noch gut erhaltene mittelalterliche Stadtbild bestaunen, in dem der Dolder, ein Torturm aus dem 13. Jahrhundert, sowie der Diebesturm mit Verlies und Folterkammer besondere Akzente setzen. Seit Jahrhunderten gehören die Weine von Riquewihr zu den besten des Landes. Namen wie Schoenenburg oder Sporen sind längst zum Synonym für edelste Tropfen geworden. Gemeinsam mit den anderen hervorragenden Weinen, die

Das mittelalterliche, mit Fallgitter und Zugbrücke ausgestattete Obertor in Riquewihr (unten) hat in der Vergangenheit so manchen Ansturm auf das dahinter liegende Stadttor abwehren können. Den Einfall von Touristenmassen unserer Zeit konnte es freilich nicht verhindern. Auch Dambach-la-Ville (oben) besitzt noch eine alte Wehrmauer mit Stadttoren.

auf den umliegenden Rebenhängen heranreifen, schufen sie die Grundlage, auf dem der Ort einen soliden Wohlstand aufbaute.

Weiter in Richtung Obernai passiert die Weinstraße den Ort Hunawihr, dessen wehrhafte, burgähnliche Kirche weithin sichtbar den Weg weist, und erreicht dann Ribeauvillé. Das Städtchen am Ausgang des Strengbachtals gehörte zum Adelsgeschlecht der Rappoltsteiner, an die vor allem die Ruinen ihrer drei Schlösser unweit der Stadt erinnern. Unter den zahlreichen Fachwerkhäusern ist das Pfifferhüs mit seinem prachtvollen Erker das schönste. Der Name erinnert an die fahrenden Spielleute, die seit dem 14. Jahrhundert unter dem Schutz und der Gerichtsbarkeit des Herrn von Rappoltstein standen. Am Tag Mariä Geburt versammelten sie sich in der Stadt, um ihrem Lehnsherrn Ehre zu erweisen. Auch heute ist in Ribeauvillé jedes Jahr am ersten Sonntag im September Pfiffertag, der mit einem lustigen Fest und historischem Umzug gefeiert wird.

Über Bergheim, ein Städtchen, das mit seinen intakten Ringmauern und Türmen einen mittelalterlichen Anblick bietet, erreicht man die Ortschaft St-Hippolyte. Von hier zweigt eine schmale Straße zur Haut-Koenigsbourg ab, die wie ein Adlerhorst in 755 Meter Höhe auf einem schmalen Bergrücken thront. Sie ist eine Gründung der Staufer und wurde Anfang des 12. Jahrhunderts als Bollwerk gegen Lothringen geschaffen. Mit dem Niedergang der Staufermacht wechselte die Burg mehrmals ihre Besitzer, bis sie – mittlerweile zur Ruine heruntergekommen – in die Hände der Stadt Sélestat kam, die das kostenintensive Objekt allerdings 1899 Wilhelm II. zum Geschenk machte. Der deutsche Kaiser ließ die Burg im Stil des 15. Jahrhunderts und nach eigenen romantischen Vorstellungen restaurieren.

In ihrem weiteren Verlauf zieht die Weinstraße in gebührlichem Abstand an Sélestat vorbei, durchläuft Dambach-la-Ville, einen Ort, der als „Fundgrube für Holzarchitektur" bekannt ist, läßt Andlau linker Hand liegen und erreicht über Barr das malerische und wirtschaftlich sehr vitale Städtchen Obernai. Am Fuße des Odilienbergs gelegen, ist es ein beliebter Ausgangsort für Wanderungen und Fahrten in das bergige und dicht bewaldete Hinterland.

Auch im nördlichen Abschnitt der Weinstraße liegen Ortschaften, in denen sich das Elsaß mit gewohnten Reizen immer wieder neu offenbart: Boersch, Rosheim und Molsheim; sie alle haben sehenswerte Stadttore, kunstvoll gearbeitete Brunnen und verträumte Fachwerkbauten. Bei Avolsheim wird der Besucher noch einmal an die Anfänge der romanischen Architektur im Elsaß erinnert. Etwas außerhalb der Ortschaft steht mitten in den Feldern eine kleine Kirche, die man Dompeter (eine Ableitung vom lateinischen Dominus Petrus) nennt. Obwohl sie eher einen „modernen" Eindruck erweckt – ihr Turm wurde im 18. Jahrhundert errichtet, während der Chor erst 1829 sein heutiges Aussehen erhielt –, scheint die Behauptung, sie sei die älteste Kirche des Landes, richtig zu sein. Denn bei Ausgrabungen hat man Fundamente gefunden, die auf eine im 7. Jahrhundert gebaute Basilika zurückgehen.

Mit gepflegt wirkenden Bürgerhäusern aus dem 16. und 17. Jahrhundert sonnt sich der historische Stadtkern von Kaysersberg am Saum seiner berühmten Weinberge. Hier auf dem Schloßberg entstand eine Lage, die als erste im Elsaß mit der 1975 eingeführten Qualitätsbezeichnung „Appellation Grand Cru" ausgezeichnet wurde. Die ehemalige Reichsstadt ist aber nicht nur wegen ihrer edlen Tropfen in aller Munde, sondern auch bekannt als Geburtsstadt von Albert Schweitzer. Eine andere berühmte Persönlichkeit, die hier aufwuchs, war der Humanist Geiler von Kaysersberg (1445–1510), der mit seinen wortgewaltigen Predigten im Straßburger Münster für ein nachhaltiges Echo sorgte.

Dreizehn Generationen haben den seit dem 16. Jahrhundert bestehenden Weinbaubetrieb des Hauses Emile Beyer in Eguisheim bereits durchlaufen. In seinem Weinkeller aus dem Jahre 1583 befinden sich hundertjährige Eichenholzfässer, in denen die edelsten Lagen, wie etwa die Grands Crus „Eichberg" und „Pfersigberg", ihre endgültige Reife erhalten. Für eine lange Lebensdauer bedürfen die Fässer der sorgfältigen Pflege. Jährlich werden sie von einem Fachmann überprüft und – falls erforderlich – ausgebessert. Sollte es dennoch einmal nötig sein, ein Holzfaß auszumustern, so ist es schwer, entsprechenden Ersatz zu bekommen. In der gesamten Region gibt es nur noch einen Küfer, aus dessen Werkstatt pro Jahr etwa drei Eichenholzfässer kommen – nicht genug, um damit die 8000 im Elsaß lebenden Winzer zu versorgen. Bei Bedarf wird man zwangsläufig auf die modernen Materialien Stahl und Kunststoff ausweichen.

Vins fins d'Alsace
DE
PROPRE RÉCOLTE
Eaux-de-Vie
DISTILLATION
ARTISANALE

Traditionelles Brauchtum wird besonders in den Winzerorten gepflegt. Dazu gehört auch die liebevolle Gestaltung des Wohn- und Arbeitsbereichs. Mit dem üppigen Blumenschmuck und den rankenden Gewächsen an rosa schimmernden Steinfassaden erscheint dieser Innenhof eines Weinguts in Turckheim mehr wie ein wundervoller Garten. Mit dem Hinweis „Dégustation" werden Besucher zu einer Weinprobe eingeladen. Wer interessiert ist, kann dabei allerhand Wissenswertes über den Anbau und die Eigenschaften der verköstigten Lagen erfahren.

Flankiert von berühmten Weinbergen, auf denen mehrere Grand-Cru-Lagen heranreifen, und eingebettet in das waldreiche Tal der Andlau liegt das gleichnamige Winzerstädtchen. Sein Entstehen war eng mit einer um 880 durch die Gemahlin Karls des Dicken gegründeten Abtei verbunden. Trotz der baulichen Veränderungen im 17. Jahrhundert ist die im 12. Jahrhundert nach einem Brand neu errichtete Klosterkirche (in der Abbildung hinten) in manchen Teilen ihrer einstigen Anlage heute noch vorhanden. Die Krypta, das Bogenfeld des Westportals wie auch der mit Jagd- und Schlachtszenen ornamentierte Fries geben ein schönes Beispiel für die Kunst der frühromanischen Epoche.

Alles, was dem Fremden an elsässischen Ortschaften so liebenswert erscheint, ist in Eguisheim auf engstem Raum zusammengedrängt. Das Weinstädtchen, das auf eine 12 Jahrhunderte lange Geschichte zurückblicken kann, hat sich ringförmig um die einstige Wasserburg der Grafen von Egisheim-Dagsburg aufgebaut. Seine verwinkelten Gassen sind gesäumt von reizvollen Häusern, die zum Teil aus dem 16. und 17. Jahrhundert stammen. Die das Städtchen einschließende Mauer wird aus der fensterlosen Rückseite des äußeren Häuserrings gebildet. So trutzig diese von außen wirkt, so sehr strahlt die nach innen gerichtete Front mit dem ehemaligen Wehrgang (Abbildung) eine anheimelnde Wohnatmosphäre aus.

Nichts verkörpert das Elsaß so sehr wie Colmar, die Stadt am Ausgang des hübschen Munstertals. Man möchte sie als die Seele der gesamten Region bezeichnen. Trotz der vielfältigen Aufgaben, die sie als Hauptstadt des Département Haut-Rhin und als wirtschaftliches Zentrum der Region zu erfüllen hat, trotz wachsender Einwohnerzahl und zahlreicher Gewerbebetriebe, die sich am Stadtrand angesiedelt haben, ist sie im Kern ein elsässisches Kleinod geblieben. Wie durch ein Wunder hat das alte, von verschiedenen Stilepochen geprägte Stadtbild die Wirren der Zeit fast unbeschadet überstanden. Malerische Fachwerkhäuser, die sich gegen jede Symmetrie oder Gleichförmigkeit zur Wehr setzen, prachtvolle Renaissancebauten und skulpturengeschmückte Fassaden säumen die engen Gassen und Straßen. Hier ein Laubengang, dort ein verträumter Winkel, wo Wasser aus einem kunstvollen Brunnen plätschert, oder ein kleiner Innenhof mit einer von Blumen überwucherten Freitreppe – das alles schafft eine Atmosphäre urbaner Heiterkeit.

Das alte Colmar, das sich im Umkreis der Stiftskirche St-Martin zusammendrängt, erweckt noch immer den Eindruck einer romantischen und an vielen Stellen mittelalterlich geprägten Kleinstadt. Alle wichtigen Sehenswürdigkeiten lassen sich von der Place de la Cathédrale auch zu Fuß erreichen. In der Nachbarschaft der Martinskirche wird der Besucher einen Augenblick an der alten Wache (Corps de Garde) verweilen, dessen zierliche Renaissanceloggia aus dem 16. Jahrhundert die Blicke auf sich zieht. Tatsächlich aber besitzt das Gebäude Bauteile, die noch rund 300 Jahre älter sind. Nur wenige Schritte weiter kommt man in die Rue des Marchands, die malerischste Straße der Altstadt. Hier wohnten angesehene und wohlhabende Bürger, die sich eine ihrem Stande entsprechende Wohnkultur geschaffen hatten. Ein wahres Schmuckstück ist die Maison Pfister. Jedes Detail an diesem Haus, dem ein achteckiger Treppenturm mit welscher Haube angelehnt ist, spricht für den ästhetischen Geschmack seiner Erbauer: die kunstvolle Holzgalerie, der prachtvolle Eckerker mit Spitztürmchen sowie die überaus reich mit Malereien und Skulpturen geschmückte Fassade.

Schräg gegenüber steht das Geburtshaus des Bildhauers Frédéric Auguste Bartholdi (1834–1904), in dem heute ein ihm gewidmetes Museum untergebracht ist. Mit seinen Hauptwerken, der Freiheitsstatue im Hafen von New York sowie dem Löwen von Belfort, wurde er weltbekannt.

Am unteren Ende der Rue des Marchands, dort wo sie in die Grand' Rue einmündet, macht die Straße noch einmal auf ihren malerischen Charakter aufmerksam: Die Maison au Fer oder das Haus Au vieux pignon zeigen Fachwerkarchitektur vom Feinsten. Ihnen gegenüber, an der Place de l'Ancienne Douane, liegt das Alte Kaufhaus, auch Koifhus genannt, das an das blühende mittelalterliche Wirtschaftsleben der Stadt erinnert. Hier wurden sämtliche nach Colmar gebrachten Waren verzollt und besteuert. Eine Portalinschrift verrät das Baudatum: „Anno 1480 ward dies hus gemachet". Es ist ein zweigeschossiger gotischer Bau, den eine schöne Holzgalerie, eine Freitreppe und ein Dach mit bunt glasierten Ziegeln ziert. Eine kleine Arkadenhalle gewährt Durchlaß zur Rückseite, wo sich ein idyllischer Platz öffnet, auf dem heute noch der Wochenmarkt stattfindet. Hier steht der von Bartholdi geschaffene Schwendi-Brunnen. Er erinnert an den Heerführer Lazarus von Schwendi (1522–1583), der, so sagt die Legende, von einem Türkenfeldzug aus Ungarn die Tokayerrebe ins Elsaß gebracht haben soll. Tatsächlich aber hat der elsässische Tokayer (Pinot gris) nichts mit

Sorgfältig restaurierte Fachwerkhäuser mit vorkragenden Stockwerken, Erkern und geschnitztem Balkenwerk gehören zum Reiz des alten Colmar.

dem gleichnamigen ungarischen Wein zu tun.

Über den Platz hinweg, durch die Rue des Tanneurs, gelangt man in das einstige Stadtviertel der Gerber und in das von der Lauch durchflossene sogenannte Petite Venise. Nirgends klicken die Auslöser der Fotoapparate häufiger als hier auf den blumengeschmückten Brücken und entlang dem Quai de la Poissonnerie mit seinen bunten Gebäudefassaden. Der Blick über das Flüßchen, in dem sich die pittoresken Häuser spiegeln und auf dem flache Barken dahingleiten, rechtfertigt die Bezeichnung „Klein Venedig". Am Fischerstaden wurden früher hauptsächlich die in der Ill gefangenen Fische gelagert und verkauft. Durch einen Brand 1706 erlitt das Viertel starke Schäden; einige Häuser aber konnten inzwischen unter Wiederverwendung von Baumaterialien aus früherer Zeit wiederhergestellt werden.

Den Höhepunkt eines Aufenthalts in Colmar aber stellt der Besuch des Unterlinden-Museums dar, dessen wertvollster Schatz der „Isenheimer Altar" mit den weltberühmten Tafelbildern von Mathis Gothart Nithart, genannt Grünewald, ist. Den Auftrag für dieses Werk hatte der Künstler von den Antonitern in Isenheim erhalten. Die Ordensbrüder unterhielten dort seit Ende des 13. Jahrhunderts ein Kloster mit Hospiz und widmeten sich der Pflege kranker Menschen, vor allem auch solcher, die von dem aussatzähnlichen „Antoniusfeuer", einer Mutterkornvergiftung (Ergotismus), befallen waren. So entstand der Plan, für ihre Kirche einen Wandelaltar zu schaffen, der mit verschiedenen Schautafeln die besonderen Belange der Kranken berücksichtigte. Die Konzentration auf die einzelnen Bildinhalte sollte dem leidenden Mensch helfen, sich von seiner Selbstbetrachtung abzuwenden. Gelingt es ihm, sich durch das Gebet und die meditative Versenkung aus der Umklammerung der leiblichen Qualen für einen Moment lang zu befreien, wird er Raum schaffen für Hoffung und Heilung.

Zu den schmuckvollsten Bauten Colmars zählt das Haus Pfister (unten) an der Rue des Marchands. Es wurde 1537 für einen Hutmacher gebaut. Ein an der Ostseite des „Koifhus" idyllisch gelegener Platz (oben links) lädt mit seinen gepflegten Gaststätten zur Rast ein.

Grünewald schuf das Werk zwischen 1512 und 1516. Selbst wer den biblischen Themen mit Abstand gegenübertritt, wird sich der ergreifenden Darstellung der Kreuzigungsszene oder der Versuchung des heiligen Antonius nicht entziehen können. Was daran so berückt, ist die Art, wie der Meister seine Visionen in einer Verbindung von Mystik und Realität zu Bildern gestaltet; was daran erschüttert, ist die gewaltige expressive Kraft. Grünewald setzt nicht einfach nur den biblischen Sachverhalt in Szene, er malt Emotionen, zeigt den Schmerz, die Einsamkeit und die Erlösung – das alles in Farben, die von göttlichem Licht durchstrahlt sind.

Über die Bedeutung dieses Kunstwerks wird mitunter vergessen, daß Colmar die Heimatstadt des Malers Martin Schongauer ist, der hier um 1450 als Sohn eines Goldschmieds das Licht der Welt erblickte. Mit etwa zwanzig Jahren schuf er seine berühmte „Madonna im Rosenhag". Das Gemälde schmückt heute den Chor der Dominikanerkirche.

Eine Bootsfahrt entlang dem Fischerstaden mit seinen bunten Fachwerkhäusern ist die richtige Erholung nach einem Stadtbummel in Colmar.

Restaurant
Au
Fer Rouge
au vieux

Hervorgegangen aus einer fränkischen Siedlung, entwickelte sich die ehemalige Reichsstadt Colmar im ausgehenden Mittelalter zu einem wirtschaftlichen Zentrum. Handel und Handwerk blühten, und auch die Künste fanden hier ein förderndes und anregendes Umfeld. Der einstige Wohlstand strahlt heute noch von den Fassaden der anspruchsvoll gestalteten Häuser betuchter Bürger. Bauten verschiedener Stilepochen mit Formen der Gotik, Renaissance und des Barock bilden ein einzigartiges städtebauliches Konglomerat. Besonders malerisch ist der untere Eingang zur Rue des Marchands (Krämergasse) mit dem Fachwerkhaus „Au Fer Rouge“ (Zum roten Hufeisen) und seinen Nachbargebäuden (Abbildung). Wer hier den Touristenströmen entgehen will, muß den Ort in den frühen Morgenstunden aufsuchen.

Etwas abseits von bedeutenden Bauwerken und Kunstschätzen zeigt sich Colmar von seiner romantischsten Seite: „Petite Venise“, Klein-Venedig, so heißt das im Süden der Altstadt von der Lauch durchflossene Viertel, das man am besten vom Boot aus erkundet. Aber auch der Fußgänger braucht auf reizende Eindrücke nicht zu verzichten. An der Brücke St-Pierre öffnet sich ein Blick, bei dem man verweilen möchte – vielleicht bei einem Glas Wein auf der Terrasse von „Caveau St-Pierre“. Von dort schaut man auf das Flüßchen und die Uferhäuser mit ihren kleinen, bis an das Wasser reichenden Gärten sowie auf die Martinskirche im Hintergrund.

Die Vogesen sind die sanftesten Berge der Schöpfung." Der Schriftsteller Jean Egen hatte, als er diesen Satz in seinem autobiographischen Roman schrieb, vermutlich die rundlich gewölbten, bläulichen Rücken vor Augen, wie sie die Kammregion der Betrachtung freigibt. Einen anderen Eindruck vermittelt der Blick vom Schwarzwald aus. Von dort gesehen, steigen die elsässischen Berge aus einem Band von Vorhügeln wie eine Mauer abrupt aus der linksrheinischen Ebene empor. Wieder ganz andersartig zeigt sich die westliche Seite der Vogesen, die nicht mehr zum Elsaß gehört. Dort fehlt der Gegensatz zwischen Gebirge und Vorhügelland; in sanfter Abdachung fallen die Höhen allmählich zum lothringischen Plateau ab.

Der besondere landschaftliche Reiz der elsässischen Vogesen besteht neben seinem Waldreichtum in der mannigfaltigen Gliederung. Auf engem Raum findet man bizarre Felsformationen, tiefe Schluchten, steil ansteigende Kegel von alpinem Charakter und grasige Hochplateaus. Für die Gipfelzonen besonders typisch sind gerundete Kuppen, die sogenannten Ballons, bzw. Belchen, wie sie im Elsässischen und Deutschen heißen. Der größte unter ihnen, der Grand Ballon, erreicht eine Höhe von 1424 Metern. Zusammen mit dem Petit Ballon (1267 m) und dem Ballon d'Alsace (1250 m) bildet er den Mittelpunkt im südlichen Teil des Naturparks Parc Naturel Régional des Ballons des Vosges.

Alle diese höheren Erhebungen gehören zu den südlichen Vogesen, die man wegen der hier vorherrschenden Gesteinsarten – Granit und Gneis – auch kristalline Vogesen nennt. Sie reichen von der Burgundischen Pforte bis zum Tal der Bruche. In diesem Abschnitt weist das Gebirge Spuren eiszeitlicher Gletschertätigkeit auf, wie etwa die von Geschieben verschlossenen Mulden, in denen sich Bergseen gebildet haben. Nach Norden zu schließen sich die Sandsteinvogesen an, die allmählich an Höhe verlieren, doch im Donon-Gipfel immerhin noch die Tausendmetermarke knapp übersteigen. Da sie kaum von Gletschern berührt waren, blieb die Decke der Sandsteinschichten erhalten. Der hier gewonnene Buntsandstein war das bevorzugte Material der Baumeister und Bildhauer dieser Region.

In einem wildromantischen Bergkessel stürzt sich der Wasserfall von Nideck eine Felswand hinunter. Die Gegend ist durch ein Gedicht von Adelbert von Chamisso zu literarischem Ruhm gekommen.

Der anschauliche Vergleich des elsässischen Schriftstellers René Schickele, der das Land der Vogesen und das des Schwarzwalds „wie die zwei Seiten eines aufgeschlagenen Buches" sieht, mag auch aus geomorphologischer Sicht zutreffend sein. Denn das eine ist des anderen Spiegelbild: Vogesen und Schwarzwald sind die Hälften eines ursprünglich zusammenhängenden Gebirgsstocks, der erst vor etwa 25 Millionen Jahren durch den Grabenbruch geteilt wurde. Beide Gebirge haben also eine gemeinsame Entstehungsgeschichte, die vor mehr als 350 Millionen Jahren gegen Ende des Paläozoikums begann. In dieser Zeit – es existierte bereits ein kristalliner Gesteinssockel, der von einem europaweiten Meer umschlossen war – erfolgte die variszische Gebirgsfaltung. Dabei entstand ein geschlossenes Grundmassiv, das mit der Zeit bei steigendem Meeresspiegel nahezu vollständig vom Wasser bedeckt wurde. Das Meer lagerte Sedimentschichten ab, bestehend aus Sanden, Muschelkalk, Ton und Mergel. Als sich vor 60 Millionen Jahren durch Bewegungen der Erdkruste die Alpen auffalteten, wurde auch das variszische Grundgebirge samt den marinen Ablagerungen bis zu einer Höhe von 3000 Meter emporgehoben. Dann brach der durch die Auffaltung verschobene Mittelteil des Massivs, die heutige Rheinebene, ein, und als Flanken blieben

Über den Kamm der südlichen Vogesen führt eine Panoramastraße, die berühmte Route des Crêtes. Im Ersten Weltkrieg aus militärstrategischen Gründen angelegt, ist die rund 75 Kilometer lange, gut ausgebaute Strecke zwischen Cernay und dem Bonhomme-Paß heute eine der beliebtesten Routen. Sie windet sich in etwa 1200 Meter Höhe nahe am Scheitel der Hochvogesen entlang und berührt dabei die höchsten Erhebungen des Gebirges: den Gazon du Faing, das Hohneck, den Rainkopf, den Rothenbachkopf und schließlich den Grand Ballon – alle über 1300 Meter hoch. Wenn sie aus den Waldgebieten herausführt und in Kammnähe die offene, baumlose Landschaft der Hautes Chaumes durchquert, öffnen sich wunderschöne Blicke auf die kahlen Bergkuppen, die Hochweiden sowie die sanft abfallenden Hügel der lothringischen und die schrofferen Flanken der elsässischen Gebirgsseite. Nach Norden zu setzt sich die Kammstraße bis zum Bagenelles-Paß fort und senkt sich dort in das hübsche Tal der Liepvrette.

Es gibt verschiedene Möglichkeiten, die Route des Crêtes zu erreichen. Wer als Ausgangsort Kaysersberg wählt, wird die großzügig ausgebaute N 415 benutzen, die den bekannten Weinort am Rande berührt. Zunächst führt die Chaussee durch Rebenfelder, dann schwingt sie sich rasch zum Sattel des Col du Bonhomme empor. Dort zweigt in südliche Richtung die Panoramaroute ab.

Bereits die erste Etappe der Strecke bis zum Col de la Schlucht bietet ein charakteristisches Bild der Hochvogesen. Nachdem man die Pässe Col du Louchbach und Col du Calvaire überquert hat, durchläuft die Straße oberhalb des Weißen und Schwarzen Sees ein Naturschutzgebiet. Es heißt Tanet Gazon du Faing und ist ein gewaltiges Mosaik aus Heideland, Hochweiden, Busch- und Nadelwäldern sowie vertorften Hochmooren. An der Auberge

der Schwarzwald und die Vogesen stehen. In die dazwischenliegende Senke drang das Meer ein und hinterließ mit seinen Sedimenten auch erdöl- sowie kalibildende Ablagerungen. Während der Eiszeit waren die Vogesen nur in ihrem südlichen Teil von Gletschern bedeckt. Sie formten die Täler, gruben Kessel, die sich mit Wasser füllten, und hinterließen nach dem Abtauen riesige Schutthalden, die stellenweise das abfließende Wasser aufstauten. Auf diese Weise entstand auch der See von Gérardmer. Dort, wo der Eispanzer das Sedimentgestein von den Bergkuppen wegschliff, trat das ältere Granitgestein wieder zutage. In den von Gletschern kaum berührten Nordvogesen hingegen blieb die Sandsteindecke erhalten. Durch Erosion entstanden dort für diese Gesteinsart so typische Formen: bizarre Türme und Zacken, Aushöhlungen, Schluchten und übereinandergeschichtete Gesteinsplatten. Das gesamte Ambiente bot ideale Bedingungen für den Bau von Festungs- und Verteidigungsanlagen. Noch heute findet man zahlreiche Ruinen, die den Anschein erwecken, als seien sie aus dem Felsen gewachsen. Burg Fleckenstein oder Haut-Barr sind schöne Beispiele dafür.

Blick von der „Route des Crêtes" auf die Berghänge bei Bonhomme. Die gesamte Region um die Vogesenkammstraße ist ein ausgezeichnetes Wanderrevier mit gut markierten Wegen und bewirtschafteten Hütten.

Hochweideflächen, die Hautes-Chaumes, und Hochmoore gehören zu den charakteristischen Landschaften im Naturschutzgebiet „Tanet Gazon du Faing“.

Gazon du Faing bietet es sich an, das Auto abzustellen und auf einem Wanderpfad in knapp einer halben Stunde zu den Taubenklangfelsen und zum Gipfel des Gazon du Faing hochzusteigen. Der Blick, den diese Höhe auf die elsässische Ebene, das Munstertal, den Grand und Petit Ballon sowie auf den Hohneck freigibt, lohnt die Mühe.

Der nächste Paß – Col de la Schlucht – ist der wohl bekannteste Vogesenübergang und ein im Sommer wie im Winter viel besuchtes Ausflugsziel bzw. Skigebiet. Hier verlockt ein Abstecher zur lothringischen Seite in das Gebiet von Longemer und Gérardmer, dessen Wiesen sich im Frühjahr in ein Blütenmeer von wildwachsenden Narzissen verwandeln. Weiter auf der Kammroute erreicht man nach wenigen Kilometern das Hohneck-Massiv. Am Hotel Pied du Hohneck zweigt ein steiles Sträßlein ab, das zum Gipfel führt. Wegen seiner Aussicht – bei klarem Wetter reicht der Blick bis zu den Alpen mit dem Mont Blanc –, des alpin anmutenden Gebirgscharakters und eines reichen Angebots an Wanderungen gehört dieser Berg zu den schönsten und interessantesten der Vogesen.

Über Hochweiden setzt sich die Route des Crêtes in einem ständigen Auf und Ab fort und führt über den Luftkurort und Wintersportplatz Markstein zum Grand Ballon, dem Großen Belchen. In diesem Abschnitt liegen etliche der traditionellen Bauern- und Berggasthäuser, sogenannte Fermes Auberges. Sie bieten Wanderern und motorisierten Ausflüglern – die meisten der Berghöfe sind auch mit dem Auto erreichbar – eine willkommene Einkehrmöglichkeit, um sich bei einem Bergbauern-Menü, einem Munsterkäse aus eigener Produktion oder nur bei einem Glas frischer Milch oder einem Stück Heidelbeerkuchen zu stärken.

Wie auf den Gipfeln zuvor, besticht auch der Grand Ballon, den man von der Straße aus über einen Pfad in 15 Minuten erreicht, durch eine grandiose Rundumsicht. Fasziniert von diesem Blick war schon Georg Büchner, der den höchsten Vogesenpunkt vor rund 180 Jahren bestiegen hatte. Über das Erlebnis berichtete er: „Bis Sonnenaufgang war der Himmel etwas dunstig, die Sonne warf einen roten Schein über die Landschaft. Über den Schwarzwald und den Jura schien das Gewölk wie ein schäumender Wasserfall zu stürzen, nur die Alpen standen hell darüber, wie eine blitzende Milchstraße.“

Blühende Bergwiesen entlang der Vogesenkammstraße. Die Abbildung zeigt den Blick auf die lothringische Seite mit dem Lac de Blanchemer (oben). Vom Hohneck-Gipfel (unten) überschaut man die baumlose Landschaft der Kammregion bis zum Grand Ballon.

Auch das letzte Teilstück der Strecke, die Abfahrt vom Grand Ballon nach Cernay bzw. nach Thann überrascht immer wieder mit neuen Ausblicken. In engen Serpentinen schlängelt sich die Straße talwärts, läßt die Ruine Freundstein links liegen und führt wenig später am Vieil Armand vorbei. Der Name dieses Berges – er ist die französische Form der ursprünglichen Bezeichnung Hartmannsweilerkopf – steht für ein blutiges Kapitel deutsch-französischer Geschichte und erinnert daran, daß sich die ehemaligen Erzfeinde entlang dem Vogesenkamm erbitterte Stellungskämpfe geliefert haben. Im Ersten Weltkrieg war der steil zur elsässischen Ebene abfallende Berg einer der am härtesten umkämpften Frontabschnitte, in dessen Umkreis etwa 60 000 französische und deutsche Soldaten zu Tode kamen. Heute ist der Ort mit dem angrenzenden Soldatenfriedhof eine internationale Gedenk- und Begegnungsstätte für Frieden und Völkerverständigung.

Dort, wo die Hänge des einst strategisch wichtigen Bergs die Ebene berühren, liegt das Industriestädtchen Cernay, der südliche Endpunkt der Route des Crêtes. Seine Lage am Eingang zum Thur-Tal machte es in der Vergangenheit ebenfalls zu einem wichtigen Ort für militärische Operationen. Es wird gesagt, daß hier schon die Legionen Cäsars mit den Streitkräften des germanischen Suebenfürsten Ariovist gegeneinander angetreten waren. Darüber wurde bereits im Kapitel über elsässische Geschichte berichtet.

Alternativ zu dieser Abfahrt bietet es sich an, einer kurz vor der Ruine Freundstein nach rechts abzweigenden Straße zu folgen, die sich zunächst in das Tal der Thur senkt und weiterhin nach Thann führt, einer Stadt, die nicht nur für ihren Wein, sondern auch für ihr gotisches Münster bekannt ist.

Wer die landschaftliche Schönheit der Kammregion in Ruhe genießen möchte, wird sich zu Fuß auf den Weg machen und abseits der im Sommer mittlerweile viel befahrenen Straße sein eigenes Route-des-Crêtes-Erlebnis suchen. Da das Gebiet mit gut markierten Wanderwegen und Berggasthöfen, die auch Übernachtungen anbieten, erschlossen ist, könnte man die gesamte Strecke in drei Tagesetappen von jeweils sechs Stunden bewältigen.

An den Wander- und Ausflugsrouten wird der Bergtourist nicht lange suchen müssen, eine Ferme Auberge zu finden. Da viele dieser gemütlichen Berggaststätten auch mit dem Auto erreichbar sind, muß man sich hier besonders an den Sommerwochenenden auf größeren Andrang einstellen.

Blick vom Petit Ballon (Kleiner Belchen/Kleiner Wasen) auf den mittleren Gebirgskamm der Vogesen, aus dem – rechts im Bild – das 1362 m hohe Gipfelmassiv des Hohneck herausragt. Dort wie auch in den anderen höheren Kammlagen hält sich der Schnee bis in den Mai hinein. Immer wieder trifft man in diesem Gebirgsabschnitt auf Gesteinsgruppen aus Granit, die durch Verwitterung mitunter bizarre Formen angenommen haben. Sie sind ein Merkmal der südlichen Vogesen, die aufgrund der vorherrschenden Gesteinsarten – Granit und Gneis – auch als kristalline Vogesen bezeichnet werden.

Wälder – so weit das Auge reicht! Sie machen den besonderen landschaftlichen Reiz der Vogesen aus. In ihrem Schutz findet das Hochwild günstige Lebensbedingungen. Mit etwas Glück kann man an abgelegenen Stellen während der Frühjahrsmonate auch die Balzstrophen des Auerhahns hören. Der Wald besteht fast überwiegend aus Tannen, Fichten und Buchen. Auch die Kiefer konnte sich gebietsweise behaupten. Oberhalb der 1000-m-Grenze lichtet sich der Wald; hier wachsen meist nur noch Laubbäume, deren Wuchs mit zunehmender Höhe immer krüppeliger wird. In den Kammlagen der Vogesen herrscht schließlich die baumlose Landschaft der Hochmoore und Hochweiden vor.

Es gibt Orte, von denen reißt man sich so schnell nicht wieder los. Sie haben etwas Besonderes, das den Menschen in seinen Bann zieht, das bezaubert und die Seele berührt. Der Odilienberg mit dem Kloster der Schutzheiligen des Elsaß ist ein solcher Ort. Die Einheimischen betrachten ihn als ein Nationalheiligtum, als eine geistige Stätte, die ihnen ebensoviel bedeutet, wie anderen die Berge Zion und Sinai.

Schon Lage und Gestalt dieses 764 Meter hohen und aus der Vogesenkette in die rheinische Ebene vorspringenden Bergrückens – in früherer Zeit nannte man das Gebiet Hohenburg – sind außergewöhnlich. Der Gipfel besteht aus einem schmalen, vier Kilometer langen und bis zu tausend Meter breiten Plateau, das mehrere Terrassen bildet und nach drei Seiten mit teils überhängenden Felsen steil abfällt. Er überrascht mit einer Aussicht, die zahlreiche Dichter zu poetischen Schilderungen inspiriert hat. Der Blick wandert über Wälder, Weinfelder und die rheinische Ebene mit ihren eingestreuten Ortschaften bis zu den bläulich schimmernden Höhen des Schwarzwalds. Bei klarem Wetter kann man sogar das Straßburger Münster erkennen. In den frühen Abendstunden, wenn die untergehende Sonne den Kamm der Vogesen berührt, wenn die verlöschende Hitze des Tages in feinen Dunstschleiern über den Feldern und Auen schwebt, besticht der Zauber dieses Orts mit magischer Kraft.

Schon in vorgeschichtlicher Zeit war die überwältigende Weitsicht des Odilienbergs für die Anwohner von Nutzen, bot sie ihnen doch die Möglichkeit, feindliche Bewegungen rechtzeitig zu erkennen und eine entsprechende Verteidigung vorzubereiten. Etliche archäologische Funde deuten darauf hin, daß das Gipfelplateau bereits in der Jungsteinzeit vor 6000 Jahren bewohnt war. Das bedeutendste prähistorische Denkmal aber ist die Heidenmauer, ein gigantischer, etwa zehn Kilometer langer und ursprünglich fünf Meter hoher Wall aus sorgfältig behauenen Steinquadern. Dreihunderttausend Blöcke waren nötig, um die Gipfelzone des Odilienbergs mit einer Fläche von 118 Hektar vollständig zu umschließen. Man staunt über das hohe handwerkliche Können: Um die Mauer zu stabilisieren, wurden die einzelnen Steine mittels Kerben und hölzernen Zapfen miteinander fest verbunden.

Bis heute konnten weder das Alter des Monuments noch dessen Urheber zweifelsfrei bestimmt werden. Aufgrund der prähistorischen Funde läßt sich jedenfalls auf keltische Präsenz an diesem Ort schließen. Die Mehrzahl der Forscher nimmt an, daß die Heidenmauer gegen Ende des 2. Jahrhunderts v. Chr. als Teil einer Verteidigungsanlage errichtet und im 3. Jahrhundert n. Chr., als germanische Eindringlinge eine Bedrohung für die ansässige Bevölkerung darstellten, von den Römern umfassend restauriert worden war. Dabei bekam die Anlage durch gepflasterte Zufahrtswege und Eingangstore eine neue militärische Bedeutung. Obwohl man die Mauer in späteren Jahrhunderten als Steinbruch nutzte, ist sie heute stellenweise noch in einer Höhe von bis zu drei Metern erhalten. Wer sie auf dem markierten Rundweg in seiner ganzen Länge abschreiten möchte, muß für die Wanderung etwa fünf Stunden einplanen.

Die eigentliche Aufmerksamkeit vieler tausend Menschen, die alljährlich den Odilienberg besuchen, gilt aber dem Ort, der dem Andenken der elsässischen Schutzpatronin geweiht ist. Das Kloster mit dem Grab der heiligen Odilia ist ein beliebtes Wallfahrtsziel. Selbst Goethe hatte sich einst unter die Schar der Pilger gemischt. In seinen „Bekenntnissen" heißt es: „Einer mit hundert, ja tausend Gläubigen auf den Ottilienberg begangenen Wallfahrt denk' ich noch immer gern. Hier, wo das Grundgemäuer eines römischen Kastells noch übrig, sollte sich in Ruinen und Steinritzen eine schöne Grafentochter aus frommer Neigung aufgehalten haben. (...) Das Bild, das ich mir von ihr machte, und ihr Name prägte sich tief bei mir ein. Beide trug ich lang mit mir herum." Wie nachhaltig diese Eindrücke den Dichter berührt hatten,

Blick vom Odilienberg: „Auch auf dieser Höhe wiederholt sich dem Auge das herrliche Elsaß, immer dasselbe, und immer neu", schrieb Goethe.

zeigt sich auch darin, daß er eine seiner „zwar spätern, aber darum nicht minder geliebten Töchter“ mit diesem Namen ausstattete. Gemeint ist die Ottilie in der Dichtung „Wahlverwandtschaften“.
Eine überlebensgroße Statue der heiligen Odilia thront auf einem an die Klosterkirche angelehnten Turm hoch über dem felsigen Abgrund. Segnend hält sie ihre Hand über das fruchtbare Land zu ihren Füßen. Das Kloster ist eng mit ihrer Lebensgeschichte verbunden, deren Überlieferung auf einer mit historisch belegbaren Fakten verknüpften Erzählung aus dem 9. Jahrhundert beruht. Danach wurde Odilia als blinde Tochter des elsässischen Herzogs Eticho geboren, der sich eigentlich einen Sohn gewünscht hat. Er will das Neugeborene töten lassen, doch der Mutter gelingt es, das Baby in einem burgundischen Kloster zu verstecken. Bei seiner Taufe im 12. Lebensjahr wird das Kind auf wundersame Weise sehend. Mittlerweile ins Elsaß zurückgekehrt, will der Vater sie gegen ihren Willen verheiraten. Es gelingt ihr zu fliehen, und durch ein weiteres Wunder kann sie ihren Verfolgern entkommen. Der Vater deutet die neuerlichen Geschehnisse als Wink des Himmels, bereut sein Verhalten und vermacht nun seiner Tochter den Besitz Hohenburg. Dort gründet Odilia zwischen 680 und 690 ein Kloster, in dem sie sich mit anderen jungen Frauen wohltätigen Aufgaben widmet. Sie läßt eine Klosterkirche mit Kreuzgang sowie eine dem heiligen Johannes dem Täufer geweihte Kapelle bauen. Am Fuße des Bergs richtet sie ein weiteres Kloster ein, genannt Niedermünster, von dem heute allerdings kaum noch Reste vorhanden sind. Sie stirbt im Dezember 720 und wird im 11. Jahrhundert durch den elsässischen Papst Leo IX. heiliggesprochen. 1946 erklärt man sie schließlich zur Schutzpatronin des Landes. Aufgrund ihrer wundersamen Lebensgeschichte wird ihr Grab in der Johannes-Kapelle (der heutigen Grabeskapelle), aber auch die Quelle, die unweit des Klosters aus dem Felsen sprudelt, ein Ort der Verehrung und eine Bittstätte für Menschen mit Augenleiden.

Im Laufe der Jahrhunderte war die Abtei immer wieder durch Brände, Plünderungen und Kriege zerstört worden. Ihre Blütezeit erlebte sie unter dem Stauferkaiser Friedrich Barbarossa, der das Kloster großzügig unterstützt und 1153 mit seinem Besuch beehrt hatte. Als auffallende Persönlichkeiten der Ordensgemeinschaft traten damals die Äbtissinnen Relindis und deren Nachfolgerin Herrad von Landsberg hervor. Sie ließen die Gebäude restaurieren und gaben insbesondere dem geistigen und geistlichen Leben neue Impulse. Als schönstes Zeugnis der kulturellen Arbeit jener Zeit entstand der berühmte, im Eingangskapitel bereits erwähnte „Hortus deliciarum“. Leider ist das Werk heute nur noch in einer Rekonstruktion zugänglich. Nachdem die Handschriften durch mehrere Jahrhunderte hindurch Kriege und Verwüstungen unbeschadet überstanden hatten, verbrannten sie im Oktober 1870 während der Beschießung Straßburgs durch preußisches Kanonenfeuer.
Wenn von den berühmten Höhen des Elsaß die Rede ist, wird in einem Atemzug mit dem Odilienberg auch der Donon genannt. Dieser 1009 Meter hohe Berg – Quellgebiet der Saar und Grenzpunkt zwischen Elsaß und Lothringen – spielte in gallo-römischer Vergangenheit als Kultplatz eine bedeutende Rolle. Erst waren es die Kelten, die hier ein Heiligtum unterhielten, dann übernahmen die Römer den Ort und bauten u.a. mindestens drei Tempel, von denen einer dem Gott Merkur geweiht war.
Die erste Nachricht von den Denkmälern des Donon stammt von einem Abt, der 1692 eine Beschreibung der entdeckten Altertümer lieferte. Von den 21 römischen Reliefplatten, die er in seinen Aufzeichnungen erwähnte, sind gegenwärtig nur noch Reste vorhanden. Ein Teil befindet sich im Museum von Epinal, ein anderer wurde 1869 in die Kopie eines kleinen römischen Tempels eingebaut, der heute noch an höchster Stelle des Donon thront. Wegen des herrlichen Rundumblicks ist der Gipfel ein beliebtes Ausflugsziel, das man vom Donon-Paß in einer dreiviertelstündigen Wanderung erreichen kann.

Auf dem 1009 Meter hohen Gipfel des Donon erhebt sich der Nachbau eines römischen Tempels. Der Berg war schon in keltischer und später in galloromischer Zeit eine bedeutende Kultstätte.

Der Odilienberg mit seinem der Schutzpatronin des Elsaß geweihten Kloster ist nicht nur die berühmteste Wallfahrtsstätte und eines der meistbesuchten Ausflugsziele des Landes – er ist ein nationales Heiligtum. Der Ort empfing aber nicht nur durch das fromme Wirken der heiligen Odilia und das ihrer Nachfolgerinnen seine Weihen, sondern auch durch die Natur, die ihn mit wunderbaren Reizen ausgestattet hat. Vor dem Hintergrund dunklen Tannengrüns, in das sich die helleren Töne der Laubbäume mischen, tritt der rötliche Sandstein des Klosters leuchtend hervor. Bei klarem Wetter ist der Blick auf die Vogesen, die Rheinebene und den Schwarzwald überwältigend. Der Ursprung des Klosters reicht in die Zeit der fränkischen Herrschaft zurück und geht – so die Überlieferung – auf die Hohenburg, einen Besitz des elsässischen Herzogsgeschlechts der Etichonen, zurück. In ihrer heutigen Form entstand die Anlage ab Ende des 17. Jahrhunderts, nachdem sie zuvor durch Brand und Krieg mehrmals zerstört worden war.

Eine Liebe im Elsaß: Goethe und Friederike Brion

Sind nicht die Träume deiner Kindheit alle erfüllt? Frag ich mich manchmal, wenn sich mein Aug in diesem Horizont von Glückseligkeiten herumweidet; sind das nicht Feengärten, nach denen du dich sehntest? – Sie sinds, sie sinds!", schrieb Goethe im Frühsommer 1771 aus Sesenheim an Johann Daniel Salzmann. Der junge Dichter schwelgte im Glück. Vor gut einem Jahr war er ins Elsaß gekommen, und zwar nach Straßburg, um dort an der französischen grenznahen Universität sein Jurastudium mit dem Ziel einer baldmöglichen Promotion abzuschließen. So hatte es der Vater gewollt.

Doch der Sohn schien mal wieder, wie schon zuvor in Leipzig, seine Augen und Ohren für alles offen zu haben, was jenseits der juristischen Kolloquien lag. So besuchte er Vorlesungen in der medizinischen Fakultät und belegte auch Veranstaltungen in Geburtshilfe. Mit Eifer widmete er sich der Geschichte, Kunst und Dichtung. Vor allem aber beschäftigten ihn die wechselvollen Ereignisse eines quirligen Studentenlebens und die Frauen. Er verliebte sich.

Sie hieß Friederike Brion und war die Tochter des Dorfgeistlichen von Sesenheim. Als Goethe sie Anfang Oktober 1770 während eines Ausflugs mit seinem Studienfreund Weyland in ihrem elterlichen Haus kennenlernte, hatte er sich sogleich in das achtzehnjährige Mädchen verliebt. Als sie zur Tür eintrat, war es ihm, als ginge „an diesem ländlichen Himmel ein allerliebster Stern auf". Sie trug die elsässische Tracht, ein kurzes rundes Röckchen mit einer Falbel, ein knappes Mieder und eine schwarze Taffetschürze. „Schlank und leicht, als wenn sie nichts an sich zu tragen hätte, schritt sie, und beinahe schien für die gewaltigen blonden Zöpfe des niedlichen Köpfchens der Hals zu zart. Aus heiteren blauen Augen blickte sie sehr deutlich umher, und das artige Stumpfnäschen forschte so frei in die Luft, als wenn es in der Welt keine Sorge geben könnte."

Nach dieser ersten Begegnung wurde der eher unscheinbar anmutende Ort für ihn zum „geliebten Sesenheim" und die flache Ackerlandschaft zwischen der Rheinaue und dem Hagenauer Forst verwandelte sich in einen „Feengarten", der fortan seinen Blick mehr zu fesseln vermochte, als sämtliche Aussichten in die wilde Gebirgsgegend der Vogesen. Wann immer sich nun die Gelegenheit bot, wiederholte er seine Besuche in dem gastfreundlichen Pfarrhaus, um so oft wie möglich mit Friederike zusammen zu sein. Ihre Anmut und die Heiterkeit ihres Antlitzes, das mit dem „blauen Himmel zu wetteifern" schien, hatten ihn bezaubert. Und er genoß es, daß seine Zuneigung erwidert wurde. Wenn sie sich nicht sehen konnten, schrieb er ihr zärtliche Briefe, malte für sie Bänder, die gerade in Mode waren, oder sann nach Einfällen, mit denen er die Geliebte beim nächsten Treffen bei Laune halten konnte. Vor allem aber begann er wieder zu dichten:

Bald seh ich Riekchen wieder,
Balde, bald umarm ich sie.
Munter tanzen meine Lieder
Nach der süßen Melodie.
(...)

Die verliebte Stimmung und die heitere Atmosphäre, die ihn umgab, hatten seine schon seit längerem nicht mehr gespürte Lust am Dichten erneut entfacht. Manchen Texten, die er für Friederike schrieb, legte er bekannte Melodien unter. So entstanden die Sesenheimer Lieder, darunter auch das bekannte „Mailied".

Mit der Zeit entwickelte sich ihre Beziehung so weit, daß die Anwesenheit Goethes im Pfarrhaus immer selbstverständlicher wurde. Das junge Paar lebte sein Glück unbekümmert und zwanglos. Niemand fragte, was daraus werden sollte; auch die Eltern ließen geschehen, was sich zwischen den beiden anbahnte. Sie tolerierten das noch ungewisse Verhältnis und störten nicht den schwebenden Zustand, in dem sich die Liebenden befanden. Dennoch dürfte manch einer im Kreise der Pfarrersfamilie den feingeistigen Studenten aus Straßburg bereits als geheimen Bräutigam angesehen haben. Und wollte man es Vater Brion verübeln, wenn er sich vorgestellt hätte, wie er das Paar in seiner kleinen Kirche trauen würde? Doch so weit sollte es nicht kommen.

Die Vorbereitungen auf das bevorstehende Examen zwangen Goethe, seine Besuche in Sesenheim einzuschränken. Während Friederikes Zuneigung immer gleich zu bleiben schien, war sich Goethe seiner Gefühle bald nicht mehr so sicher. Als Friederike ihn in Straßburg einmal besuchte, spürte er, daß das ländliche Mädchen mit seiner natürlichen Art nicht so recht in das gesellschaftliche Umfeld paßte, in dem er verkehrte. Je mehr seine Studienzeit dem

Während seiner Straßburger Studienzeit verliebte sich Goethe in Friederike Brion, die Tochter eines elsässischen Landpfarrers. Ihr Glück war nur von kurzer Dauer.

Ende zuging, desto stärker begann ihn sein leidenschaftliches Verhältnis zu ängstigen, wußte er doch bereits sehr wohl, daß es für sie beide keine gemeinsame Zukunft geben würde, daß er das Elsaß nach Erreichen der Promotion wieder verlassen würde – ohne Friederike. Solcherlei Gedanken bewegten ihn, sich allmählich von ihr zurückzuziehen und seine freie Zeit wieder vermehrt mit anderen Unternehmungen auszufüllen.

Dann kam der Abschied. Nach Abschluß der Promotion im August 1771 machte er sich ein letztes Mal auf den Weg nach Sesenheim, um Friederike Lebewohl zu sagen. „Es waren peinliche Tage, deren Erinnerung mir nicht geblieben ist", gestand er später. „Als ich ihr die Hand noch vom Pferde reichte, standen ihr die Tränen in den Augen, und mir war sehr übel zu Mute."

In seine Heimatstadt Frankfurt zurückgekehrt, schrieb Goethe ihr einen Brief, in dem er seine Entscheidung noch einmal schriftlich darlegte. Doch im Stillen beklagte er die verlorene Liebe. Friederikes Antwort auf seinen Brief zerriß ihm das Herz: „Ich fühlte nun erst den Verlust, den sie erlitt, und sah keine Möglichkeit ihn zu ersetzen (...), und was das Schlimmste war: ich konnte mir mein eignes Unglück nicht verzeihen." Von Schuldgefühlen geplagt, flüchtete er in die Dichtkunst und erhoffte sich Absolution in einer „poetischen Beichte". Die beiden Marien in „Götz von Berlichingen" und „Clavigo" sind Resultate solcher Bewältigungsarbeit.

Und Friederike? In ihrem Innersten tief verletzt und an einer Lungenerkrankung leidend, ergab sie sich in ihr Schicksal. Doch sie machte Goethe keine Vorwürfe. Als der Dichter sie acht Jahre später in Verbindung mit einer Schweizreise noch einmal besuchte, hatte sie ihn freundschaftlich aufgenommen, ohne zu versuchen, ein altes Gefühl in ihm zu wecken. Bis zum Tode ihres Vaters blieb Friederike in Sesenheim und zog dann 1787 zu ihrem Bruder Christian in den Vogesenort Rothau. Die letzten Jahre ihres Lebens verbrachte die unverheiratet Gebliebene im badischen Meißenheim bei Lahr, wo ihr Schwager eine Pfarrstelle hatte. Dort starb sie 1813. Ihr Grabstein trägt eine von Ludwig Eckhardt verfaßte Inschrift: Ein Strahl der Dichtersonne fiel auf sie/So reich, daß er Unsterblichkeit ihr lieh.

Ohne Friederike und ihre romantische Affaire mit Goethe wäre Sessenheim – die französische Schreibweise hat dem Ortsnamen ein weiteres „s" hinzugefügt – nicht das, was es heute ist: ein Meilenstein auf den touristischen Routen des Elsaß und ein viel besuchtes Pilgerziel für Literaturreisende. Man kommt hierher, um auf dem „Goethe-Friederike-Brion-Pfad" den Spuren des Liebespaars zu folgen. Auf dem „Friederiken-Hügel", wo sich das Paar häufig zum Stelldichein getroffen hatte, oder an der „Goethe-Eiche" möchte der Besucher einen Hauch jenes Zaubers spüren, der dem Leser aus den Erinnerungen in „Dichtung und Wahrheit" entgegenweht. Die wichtigsten Stationen des Rundwegs liegen im Zentrum der Ortschaft nahe der evangelischen Kirche, wie etwa das „Mémorial Goethe", in dessen Eingangshalle ein Abguß der Büste des Dichters von David d'Angers dominiert. Gegenüber der Kirche befindet sich die „Auberge au Bœuf", ein seit vielen Generationen betriebenes Gasthaus, das Besucher nicht nur mit hausgemachter Gänseleber, gebratenen Wachteln und anderen Köstlichkeiten anlockt. In seinen Nebenräumen ist ein kleines Museum eingerichtet, wo Ausstellungsstücke, Bilder und schriftliche Zeugnisse an die Begegnung zweier Menschen erinnern, die mit ihrer kurzen Liebesepisode dem eher unauffälligen Ort Geltung verschafft haben.

Das „Mémorial Goethe" in Sessenheim würdigt das Andenken des deutschen Dichters, der den kleinen elsässischen Ort durch eine Liebesepisode bekannt gemacht hat. Der Raum wird durch den Abguß einer von David d'Angers geschaffenen Büste beherrscht.

Zur Zeit als Goethe in Straßburg studierte und häufig – getrieben von der Liebe zu Friederike – das ländliche Sesenheim besuchte, war der Rhein noch ein unkontrollierter Fluß, der seine Arme dicht an der Ortschaft vorbeiführte. Nach der Tullaschen Rheinkorrektur verschwanden die Stromverwilderungen und mit ihnen große Teile der sumpfigen Auenwälder. Doch an den Ufern der Moder (Abbildung), die hier unweit des Rheins vorbeizieht, ist das einstige Landschaftsbild, dessen Schönheit Goethe beschrieb, zum Teil noch erhalten. Vorhanden sind auch Schwärme von Mükken und Schnaken, die damals so manches Mal des Dichters Schäferstündchen in den Auen vorzeitig beendet haben.

Die romanische Portalplastik in Andlau stellt die Erschaffung Evas dar.

Malerisch: das alte Fischerviertel von Colmar

Andlau

Der hübsche Weinort liegt in einem engen, vom Andlaubach durchflossenen Taleinschnitt nahe der Stadt Barr. Beachtenswert sind einige alte Häuser aus dem 17. und 18. Jahrhundert, doch das bedeutendste Bauwerk ist eine romanische Abteikirche, deren ältester Teil, die Krypta, noch aus dem 11. Jahrhundert stammt. Sonst aber geht der Bau mit Ausnahme des später veränderten Langhauses und der Turmhaube im wesentlichen auf das 12. Jahrhundert zurück. Ein besonderes Juwel ist das Portal mit seinen als Flachreliefs gearbeiteten Figuren. Auch der Schmuckfries in Höhe des ersten Geschosses, eine fast 30 Meter lange Folge von Jagd- und Ritterszenen sowie Fabelwesen, dokumentiert in wunderbarer Weise die Ausdruckskraft der frühromanischen Kunst.

Auberge de l'Ill

Gourmettreff in Illhaeusern. Das verträumt am Ufer der Ill gelegene Gasthaus ist nicht nur ein berühmtes Restaurant, es ist ein elsässisches Denkmal, das von einem internationalen Publikum umschwärmt wird. Zu seinen Gästen zählten Staatsrepräsentanten, gekrönte Häupter und Prominente aus dem kulturellen Leben. Betrieben wird es von den Brüdern Paul und Jean-Pierre Haeberlin, die aus dem einstigen, von der Mutter geerbten dörflichen Gasthof einen weltbekannten Gourmettempel gemacht und dabei den Charakter eines Familienbetriebs erhalten haben. Seit mehr als drei Jahrzehnten ist die Küche mit drei Michelinsternen, dem höchsten Lob für ein Restaurant, ausgezeichnet. Die altbewährten Gerichte, mit denen sie berühmt wurde, werden heute noch angeboten, ergänzt durch neue kulinarische Kreationen der nachrückenden Familiengeneration.

Ballon d'Alsace (Elsässer Belchen)

Der 1250 Meter hohe Elsässer Belchen am Südende der Vogesen ist der stolze Wächter über die Burgundische Pforte und ein hervorragender Panoramaberg. Umgeben von Bergseen und Wäldern lädt das Gebiet zum Wandern ein. Drei Straßen aus unterschiedlichen Richtungen führen in Gipfelnähe; dort, wo sie zusammentreffen, beginnt der 20-minütige Aufstieg zum höchsten Punkt.

Champ du Feu

Das zwischen 900 bis 1100 Meter hoch gelegene Plateau ist ein vorzügliches Wandergebiet und ein sehr beliebtes Wintersportgelände, bequem von Obernai über die Höhenstraße D 214 zu erreichen. Auf der Höhe gibt es einen Aussichtsturm und Orientierungstafeln.

Colmar

Die in der Rheinebene im Schutz der Vogesen gelegene Hauptstadt des Départements Haut-Rhin ist nicht nur Zentrum des elsässischen Weinhandels und wirtschaftlicher Mittelpunkt der Region, sondern auch eine Stadt der Künste. Zu den wichtigsten Sehenswürdigkeiten gehört das Unterlinden-Museum. In den altehrwürdigen Gemäuern dieses Gebäudes führten einst Dominikanerinnen ihr klösterliches Leben. Als die Abtei mit der Französischen Revolution aufgelöst wurde, drohte ihr in den darauffolgenden Jahrhunderten der Verfall. Ein Stadtarchivar konnte die Anlage 1849 vor dem drohenden Abriß bewahren und machte sie der musealen Nutzung zugänglich. Seine heutige Bekanntheit verdankt das Museum zwar dem „Isenheimer Alter", doch auch die übrigen Ausstellungsobjekte, zu denen u.a. Werke aus dem Spätmittelalter, der Renaissance und der Gotik gehören, ebenso Gemälde von Martin Schongauer, Lucas Cranach, Hans Baldung Grien und Hans Holbein d. Ä., haben es zu einer bedeutenden Sammelstätte oberrheinischer Kunst gemacht. Geöffnet: Apr.–Okt. tgl. 8.30–12.00 u. 14.00–18.30. Führungen auch in Deutsch. Die Besucher des Unterlinden-Museums werden auch der benachbarten Dominikanerkirche Beachtung schenken. Sie ist eines der schönsten sakralen Gebäude im Elsaß und zeigt in einem Altarschrein das berühmte Gemälde „Maria im Rosenhag" von Martin Schongauer, der ein Sohn dieser Stadt war.

Alle wichtigen Sehenswürdigkeiten Colmars liegen im Umkreis der Martinskirche, die den Mittelpunkt der Altstadt bildet. In den engen Gassen und Straßen findet man noch viele Häuser aus jahrhundertealter Vergangenheit, etwa die Stadtwache, das Pfisterhaus, die Maison des Têtes oder das künstlerisch besonders hervortretende Koifhus. Ein weiterer Anziehungspunkt ist das alte Gerberviertel, das sich an den Ufern des Flüßchens Lauch ausbreitet und wegen seines malerischen Charakters „Klein Venedig" genannt wird.

Elsässische Gastlichkeit wird auch im Restaurant „A l'Agneau" in Katzenthal zelebriert.

Zum Kugelhopf trinkt man gern ein Glas Gewürztraminer.

Elsässische Küche

Was wäre die elsässische Küche ohne die berühmte Choucroute, bzw. das Sürkrüt, wie es in der Regionalsprache heißt? Mit Weißwein gedünstet, wird das Sauerkraut in zahlreichen Varianten serviert. Dabei sind nicht nur verschiedenartige Wurst- und Fleischsorten gängige Zutaten, sondern auch Fasan und sogar Fisch. Wer die Vielfalt der elsässischen Sauerkrautgerichte erkunden möchte, braucht nur der als touristische Route ausgewiesenen Sauerkrautstraße zu folgen.

Eine weitere Spezialität ist der Baeckeoffe, ein im Backofen geschmortes Eintopfgericht mit vier Sorten Fleisch: Rind, Schwein, Lamm und Gans. In Riesling mit Zwiebelringen, Lorbeerblättern, Nelken, Pfeffer, Muskat und Salz eine Nacht lang mariniert, werden die Fleischstückchen dann in einem Schmortopf auf dünn geschnittene Kartoffelscheiben gebettet und mit einer Lage Zwiebeln und Kartoffeln abgedeckt. Zum Schluß gibt man die Marinade dazu.

Nach der Baeckeoffe-Mahlzeit – und nicht nur dann – gibt es ein Stück Munsterkäse und zum späteren Nachtisch vielleicht noch ein Stück vom Kugelhopf, dem berühmten, mit Rosinen und Mandeln gefüllten Hefekuchen.

In der Regel leitet der Apéritif ein mehrgängiges elsässisches Menü ein. Ihm folgt das Horsd'œuvre, eine Vorspeise, die je nach Art des Hauptgerichts eine Fleischpastete, ein Stück Zwiebelkuchen oder die berühmte foie gras, die Gänseleberpastete, sein kann. Zum Hauptgang stehen dann verschiedene Fisch- und Fleischgerichte bereit. Eine beliebte Spezialität ist der Coq au Vin, ein im Riesling geschmortes Masthähnchen. Zum Schluß werden Käse, Obst und Kuchen angeboten. Bon appétit!

Grand Ballon (Großer Belchen)

Die deutsche Bezeichnung Belchen soll vom Namen des keltischen Sonnengotts Bel abgeleitet worden sein. Beweisen läßt sich das nicht, doch ist man auf dem Gipfel des 1424 Meter hohen Bergs – dem höchsten der Vogesen – der Sonne ein gutes Stück näher. Von dort hat man nicht nur das ganze Elsaß und Lothringen zu Füßen, das Panorama schließt die Höhen des Schwarzwalds und bei guter Sicht auch das Jura-Gebirge und die Alpen ein. Der Grand Ballon ist über die Vogesenstraße, die unterhalb des Gipfels vorbeizieht, bequem zu erreichen. Von der Paßhöhe aus, dort wo sich Hotels und Wintersporteinrichtungen angesiedelt haben, müssen die letzten 70 Höhenmeter allerdings zu Fuß erklommen werden – eine kleine Mühe, die sich lohnt!

Guebwiller (Gebweiler)
Der einstige Weinort am Ausgang des von der Lauch durchflossenen Blumentals entwickelte sich im Laufe der Zeit zu einem bedeutenden Industriestädtchen. Doch mit dem beginnenden Niedergang der Textilbranche vor etwa 30 Jahren besann es sich auf seine Wurzeln und konzentrierte sich erneut auf den Weinbau, der mittlerweile wieder mit Erfolg betrieben wird. Sehenswert sind drei Kirchen aus drei Epochen: überwiegend spätromanisch ist die Kirche St-Léger, gotisch die Dominikanerkirche, und in klassizistischer Würde mit barocker Innendekoration zeigt sich die Kirche Notre-Dame. Die Stadt ist idealer Ausgangspunkt für Wanderungen zum Grand Ballon und zum Luftkurort Markstein.

Haguenau (Hagenau)
liegt rund 30 Kilometer nördlich von Straßburg am Rande eines ausgedehnten Waldgebiets, des Hagenauer Forsts. Ihre Blüte erlebte die Stadt, als sie die führende Rolle im Zehnstädtebund übernahm. Nach dem Dreißigjährigen Krieg erlosch ihr Glanz. Sehenswert ist die Pfarrkirche St-Georges, in der romanische und gotische Bauelemente in beglückender Weise vereint sind. Verläßt man die Stadt in östlicher Richtung, kommt man über Soufflenheim – die Stadt der elsässischen Keramik – nach Sessenheim. Der Ort erinnert an das Liebesidyll zwischen Goethe und der Tochter des Dorfpfarrers.

Haut-Barr (Hohbarr)
Die ehemalige Festung und Residenz der Bischöfe von Straßburg trug ihren einstigen Namen „Auge des Elsaß" zu Recht: Sie thront in exponierter Lage auf den Sandsteinfelsen eines vorspringenden Bergkeils und blickt aus 463 Meter Höhe auf die Stadt Saverne und die große elsässische Ebene. Anfang des 12. Jahrhunderts unter Kaiser Friedrich I. Barbarossa errichtet, wurde sie im Laufe des 16. Jahrhunderts durch den Bischof Hans von Manderscheid umgebaut. Heute ist die Ruine mit dem angrenzenden Gasthaus ein beliebtes Ausflugsziel.

Romanisches Elsaß: Eingangshalle der Abtei Marmoutier

Marmoutier (Maursmünster)
Städtchen südlich von Saverne, das ursprünglich aus einer berühmten Benediktinerabtei hervorgegangen ist. Von diesem Kloster, dessen Geschichte mit der Revolution erlosch, besteht heute nur noch die ehemalige Abteikirche aus dem 11. bis 14. Jahrhundert. Aus rötlichen Sandsteinquadern gebaut, erhebt sie sich kompakt und wuchtig über die Dächer der umliegenden Häuser. Das monumentale Westwerk mit dreischiffiger Vorhalle und drei Türmen sowie der durch Lisenen gegliederten Fassade gehört zu den schönsten Beispielen der romanischen Baukunst im Elsaß.

Der „Metzig" in Molsheim war einst das Zunftgebäude der Metzgerinnung.

Molsheim
Malerisches Städtchen im Tal der Bruche, etwa 22 Kilometer südwestlich von Straßburg. Auf dem Rathausplatz fällt ein prächtiger Renaissancebau mit einer doppelläufigen Freitreppe und einem Erkerturm ins Auge, der durch die symmetrische Fassadengliederung harmonische Geschlossenheit ausstrahlt. Er wurde 1554 von der Metzgerinnung als Zunfthaus gebaut. In neuerer Zeit machte ein italienischer Autobauer der Stadt alle Ehre: Anfang des 20. Jahrhunderts ließ sich Ettore Bugatti hier nieder und entwickelte in seiner Werkstatt Modelle, die später in der Autowelt zu Berühmtheiten wurden.

Mulhouse (Mülhausen)
Die im Norden des Sundgaus an der Ill und dem Rhône-Rhein-Kanal gelegene Stadt (ca. 125 000 Einwohner) ist ein bedeutendes Industrie- und Handelszentrum – neben Straßburg das wichtigste des Landes. Umringt von Fabrikanlagen, Schloten und Gewerbebetrieben, von Schnellstraßen und Wasserwegen, bietet sie ein für das Elsaß ungewohntes Bild. Am Anfang des wirtschaftlichen Aufschwungs stand Mitte des 18. Jahrhunderts die Fabrikation bedruckter Baumwollgewebe. Daraus entwickelte sich eine führende Textilindustrie, deren rasches Wachstum vor allem Zulieferbetriebe nach sich zog. Mit dem später einsetzenden Kaliabbau, der Elektro- und Chemiebranche sowie den metallverarbeitenden Betrieben und der Kfz-Produktion (Peugeot) vergrößerte die Stadt ihr wirtschaftliches Potential und ihre Ausdehnung. Doch neben den Fabrikzonen und modernen Siedlungen, die sich ringartig um den Kern gelegt haben, findet man im Umkreis der Place de la Réunion noch beachtenswerte Merkmale des alten Zentrums, etwa das prächtige Renaissance-Rathaus oder der Temple St-Étienne (Stephanskirche). Eine Attraktion ist das Automuseum (Musée National de l'Automobile) in der Avenue de Colmar; dort haben die Autoliebhaber Hans und Fritz Schlumpf mehr als 500 Autos zusammengestellt, unter denen sich kostbare Raritäten aus aller Welt befinden, so auch Oldtimer von Bugatti, Rolls Royce, Mercedes u.a. Nicht weniger berühmt ist das im Bahnhofsviertel gelegene Stoffdruckmu-

Schlemmerstunde vor dem Renaissance-Rathaus in Mulhouse

seum (Musée de l'Impression sur Étoffes) oder das Eisenbahnmuseum (Musée Français du Chemin de Fer). Einen typisch elsässischen Marktplatz wird man in der Stadt vergeblich suchen. Dafür gibt es eine Place de l'Europe mit Marmorintarsien der Wappen wichtiger europäischer Städte. Am Rande steht der 100 Meter hohe Europa-Turm. Wie Straßburg, so blickt auch Mulhouse auf Europa – und manchmal vielleicht auch ein bißchen auf die Schweiz, mit der es zwischen 1515 und 1798 verbunden war.

Munstertal
Waldreiches, von der Fecht durchflossenes Gebirgstal, das sich von Turckheim bis zum Vogesenkamm bei Col de la Schlucht hinaufzieht. Auf halber Strecke liegt der beliebte Luftkurort Munster, ein Städtchen, das aus einer im 7. Jahrhundert gegründeten Abtei hervorgegangen ist, und das dem Munstertaler Käse den Namen gegeben hat. Die Herstellung dieses berühmten Weichkäses mit dem unverwechselbar kräftigen Aroma läßt sich bis ins frühe Mittelalter zurückverfolgen. Er wird heute noch genauso gemacht wie vor Jahrhunderten. Im gesamten Munstertal verstreut liegen Fermes Auberges, jene bei Wanderern so beliebten Bauern- und Berggasthöfe, von denen einige noch eine eigene Käserei betreiben.

Nideck
In einem dichten Waldgebiet, etwa 45 Kilometer westlich von Straßburg, liegt die romantische Ruine einer mittelalterlichen Burg. Adelbert von Chamisso wählte sie als Schauplatz für seine Ballade „Das Riesenspielzeug". Unterhalb der Ruine stürzt sich der Nideck-Wasserfall an steiler Wand in einen Felsenkessel. Ein abschüssiger Fußpfad führt zu diesem wildromantischen Ort.

Obernai
Das am Fuße des Odilienbergs gelegene Städtchen stand lange Zeit unter der Aufsicht der von der heiligen Odilia gegründeten Abtei. Mit der Eingliederung in das Heilige Römische Reich konnte es sich von der klösterlichen Bevormundung befreien. Später wurde es Mitglied im Zehnstädtebund. Heute ist Obernai von vielen Besuchern umschwärmt, die besonders auch die Nähe zu den Ausflugszielen rund um den Odilienberg und das Hochplateau Hohwald zu schätzen wissen. Die pittoresken Häuser rund um den Marktplatz schaffen ein gemütliches Ambiente; der reich verzierte Sechseimerbrunnen gilt als der schönste Renaissancebrunnen im Elsaß.

Blick auf die Ulrichsburg bei Ribeauvillé

Ribeauvillé (Rappoltsweiler)
Einmal im Jahr, am ersten Septembersonntag verwandelt sich das malerische Weinstädtchen in einen mittelalterlich geprägten Rummelplatz. Man feiert den Pfeifertag, bzw. den Pfifferdaj, das älteste traditionelle Fest des Elsaß. Wie vor 600 Jahren treffen dann Musikanten, Gaukler und Spielleute aus allen Himmelsrichtungen zusammen und veranstalten ein buntes Spektakel mit Umzügen, Darbietungen und Maskeraden. Das Fest wurde ursprünglich zu Ehren der Grafen von Rappoltstein veranstaltet, unter deren Schutz die fahrenden Musikanten einst standen.

Romanische Straße
Durch das gesamte Elsaß vom nördlichen Wissembourg bis in das südliche Sundgau zieht sich eine markierte touristische Route, die zu mehr als 100 Werken der romanischen Baukunst führt.

Die „Maison Katz" von 1605 in Saverne

Saverne (Zabern)
In früherer Zeit war die Stadt ein wichtiges Einfallstor, durch das Völkerscharen und Heere von Nordwesten her über die Zaberner Steige (410 m) ins Elsaß strömten. Bereits in römischer Zeit bestand hier eine Siedlung, Tres Tabernae (Drei Tavernen) genannt, in deren Schenken sich Durchreisende von Gallien nach Straßburg stärken konnten. Eine Zierde der Stadt sind die sehr hübschen Fachwerkhäuser, unter denen das Haus Katz aus dem Jahre 1605 besonders auffällt. Das monumentale, im Zentrum gelegene Rohan-Schloß mit sei-

nem angrenzenden Park setzt recht eigenwillige Akzente, indem es einen Hauch von Versailles verbreitet. Die repräsentative Anlage wurde von dem bekannten Kardinal Louis de Rohan errichtet, nachdem ein Vorgängerbau 1779 durch Feuer zerstört worden war. Es erinnert an die Glanzzeit der Fürstbischöfe von Straßburg, die hier ihre Lieblingsresidenz hatten. Heute wird das Schloß museal genutzt.

Sélestat (Schlettstadt)
liegt am Ufer der Ill, umgeben von einer Riedlandschaft mit Wiesen, Äckern und Laubwäldern. Ihre größte Bedeutung erlangte die Stadt im 15. und 16. Jahrhundert durch die Lateinschule, in der humanistisches Gedankengut gepflegt wurde. Als einflußreichste Persönlichkeiten dieser Geistesrichtung traten dort Jakob Wimpfeling und Beatus Rhenanus hervor. An diese Zeit erinnert heute die humanistische Bibliothek, die neben wertvollen alten Manuskripten und Druckschriften auch die Privatbibliothek von Beatus Rhenanus mit über 2000 Werken zu ihren Beständen zählt. Sehenswert ist auch die im 12. Jahrhundert errichtete romanische Basilika Ste-Foy wie auch die gotische Pfarrkirche St-Georges aus dem 13. Jahrhundert.

Strasbourg (Straßburg)
Die nahe der Illmündung gelegene Hauptstadt des Départements Bas-Rhin, rund 253 000 Einwohner (ohne Vororte), ist der urbane Superlativ des Elsaß: Wirtschaftszentrum mit einem breiten Spektrum an Industriebetrieben, kultureller Mittelpunkt am Oberrhein, Sitz einer berühmten Universität, Schatzkammer großer Kunstwerke und Tagungsort verschiedener europäischer Institutionen (Europarat, Europäischer Gerichtshof für Menschenrechte, Europaparlament). Neben dem Charakter einer internationalen Metropole und aller Weltoffenheit hat Straßburg

Blick durch die Rue Mercière auf das Straßburger Münster

aber auch den Charme einer provinziellen elsässischen Stadt, der sich am deutlichsten in seinem von zwei Ill-Armen umschlossenen Zentrum offenbart. Dort, wo sich das berühmte Münster erhebt, entstand einst die römische Niederlassung Argentoratum mit einem Kastell. In alemannischer Zeit gewann die Stadt – mittlerweile hieß sie Stratisburgo (Burg an der Straße) – rasch an Größe, Bedeutung und Wohlstand. Sie wurde Sitz eines bedeutenden Bistums, in dem die Bischöfe die Herrschaft übernahmen. Vor der Bischofskirche, dem Vorgängerbau des Münsters, wurden 842 die berühmten Straßburger Eide gesprochen, in denen man die Geburt Deutschlands und Frankreichs sehen mag (siehe auch Kapitel über elsässische Geschichte).
Ausgang und gleichzeitig der Höhepunkt einer Stadtbesichtigung ist das Münster Notre Dame. Die Kathedrale ist ein Wunderwerk gotischer Baukunst und gilt als eine der bedeutendsten Kirchen der Christenheit. Im Umkreis der Place de la Cathédrale liegen malerische Winkel und die sehenswertesten Bürgerhäuser der Stadt – viele in schönstem Fachwerk, andere in prächtigem Renaissancestil gebaut: die Maison Kammerzell (heute ein Feinschmeckerrestaurant), die Pharmacie du Cerf (Hirschapotheke) sowie die malerischen Häuserreihen am Gutenbergplatz, am alten Fischmarkt sowie am Ufer der Ill und vor allem im Viertel La Petite France, wo früher die Gerber wohnten. Als prunkvollstes Gebäude gilt das Rohan-Schloß, der einstige Bischofspalast, in dem heute verschiedene Kunstmuseen untergebracht sind. Einblicke in elsässische Kultur und Geschichte gewährt das recht sehenswerte Musée Alsacien. Als Finale eines Rundgangs durch die Altstadt bietet sich die Aussichtsterrasse des Vauban-Wehrs an, die einen herrlichen Blick auf Straßburg mit seinem Münster und die Illbrücken, die Ponts Couverts, gewährt.

Sundgau
Der südliche Teil des Elsaß zwischen Mulhouse und der Schweizer Grenze zeigt sich als ein sanftes Hügelland mit Wiesen, Laubwäldern, Äckern, Teichen und Seen: ein bukolisches Mosaik zum Träumen. Unter Feinschmeckern ist die Gegend wegen ihrer Karpfenzucht bekannt. Unter den Orten verdienen vor allem Altkirch, Ferrette, Feldbach und natürlich die Großstadt Mulhouse einen Besuch.

Storchenpark
Nachdem die Störche im Elsaß so gut wie ausgestorben waren –1981 gab es nur noch drei Paare –, entstanden mehrere Initiativen, Adebar wieder heimisch zu machen und sein Überleben in freier Natur zu ermöglichen. Dabei wurden wild aufgewachsene mit gezüchteten Störchen zusammengebracht, in der Hoffnung, daß deren Nachwuchs wieder zu Zugvögeln werde. Vereinzelt nisten sie jetzt wieder in ihrem natürlichen Milieu – mal auf einem alten Stadttor, mal auf dem Kirchturm oder einem Dachfirst. An verschiedenen Orten findet man Storchenparks, etwa in Kintzheim oder bei Hunawihr, die gern besucht werden.

Wandern
Weite Wälder, unzählige Berggipfel und die einzigartige Landschaft der Hautes Chaumes begründen den Ruf der Vogesen als ein hervorragendes Wandergebiet. Das lückenlos markierte Wegenetz läßt die Wahl

Beliebtes Etappen- oder Endziel einer Wanderung ist die Ferme Auberge.

zwischen kurzen Erkundigungsgängen und Unternehmungen, die mehrere Tage in Anspruch nehmen. Auskünfte und Führungen durch: Fédération Club Vosgien, 16 rue Ste-Hélène, F-67000 Strasbourg

Weine

Dank einer seit dem Zweiten Weltkrieg konsequent verfolgten Qualitätspolitik gehören heute die elsässischen Weine zu den edelsten. Der Anbau beschränkt sich auf sieben Rebsorten, aus denen Qualitätsweine (Appellation d'Origine Contrôlée d'Alsace) hergestellt werden. Diese tragen die Namen der Reben: Sylvaner, Pinot blanc, Pinot noir, Riesling, Muscat d'Alsace, Tokay Pinot gris und Gewürztraminer. Aus einem Verschnitt mehrerer weißer Edelsorten geht der sogenannte Edelzwicker hervor, ein leichter, harmonischer, im Geschmack aber sehr unterschiedlicher Wein, der als einziger in Literflaschen abgefüllt wird. Seit 1975 konzentriert man sich vermehrt auf die Produktion großer Weine, deren Qualitätsbezeichnung (AOC) den Zusatz Grand Cru tragen. Diese stammen aus hervorragenden, genau abgegrenzten Einzellagen und genügen besonders strengen Qualitätsanforderungen. Auf ihrem Etikett müssen neben der Appellation Alsace Grand Cru der Lagenname, der Jahrgang und die Rebsorte genannt werden, wobei nur vier Rebsorten, Gewürztraminer, Riesling, Tokay Pinot gris oder Muscat d'Alsace, zugelassen sind. Die Herstellungsmenge ist limitiert. Immer beliebter wird neuerdings auch der Crémant, ein seit 1976 nach dem traditionellen Flaschengärverfahren aus der Pinotrebe hergestellter Schaumwein besonderer Güte.

„Dégustation" ist die Einladung zu einer Weinprobe.

Weinmuseum

In Kientzheim nahe Kaysersberg gibt es ein Weinmuseum, das in den Nebengebäuden des Schwendi-Schlosses untergebracht ist. Außer den Gerätschaften zur Weinbergpflege und einer Schraubenpresse aus dem 16. Jahrhundert zeigt es u. a. die Nachbildung eines Weinkellers mit Eichenholzfässern unterschiedlicher Größe.

Weinstraße

Die als Route du Vin ausgewiesene Straße schlängelt sich von Norden nach Süden durch die Weinberge des hügeligen Vogesenvorlands und führt auf der Strecke zwischen Marlenheim und Thann durch die schönsten Winzerorte, darunter Riquewihr, Kaysersberg und Eguisheim. Hinweisschilder mit der Aufschrift „Dégustation" laden zu einer Weinprobe ein.

Verträumter Winkel in der Altstadt von Wissembourg

Wissembourg (Weißenburg)

Die nahe der pfälzischen Grenze an der Lauter gelegene Kleinstadt entwickelte sich im Umkreis eines bereits im 7. Jahrhundert gegründeten Benediktinerklosters. Diese Abtei wurde im 9. Jahrhundert durch den Mönch Otfried berühmt, der den Krist, eine Übertragung des Evangeliums in Versen, verfaßte.

Den Mittelpunkt des von der Lauter umschlossenen schönen Altstadtteils bildet die ehemalige Stifts- und heutige Pfarrkirche St. Peter und Paul mit ihren angrenzenden Gebäuden. Neben dem Straßburger Münster ist sie die zweitgrößte gotische Kirche im Elsaß. An ihren romanischen Vorgängerbau erinnert noch der Westturm mit den gekuppelten Rundbogenfenstern. Besonders sehenswert sind im Innern die Glasmalereien aus dem 12. bis 14. Jahrhundert sowie die zahlreichen Fresken.

Bei einem Stadtrundgang sollte man dem prächtigen Rathaus von 1741/52 Beachtung schenken, ebenso auch einigen respektablen Bürgerhäusern, etwa dem Haus Westercamp, in dem heute das Stadtmuseum untergebracht ist, oder den Bauten am Quai Anselmann und im alten Stadtviertel Bruch.

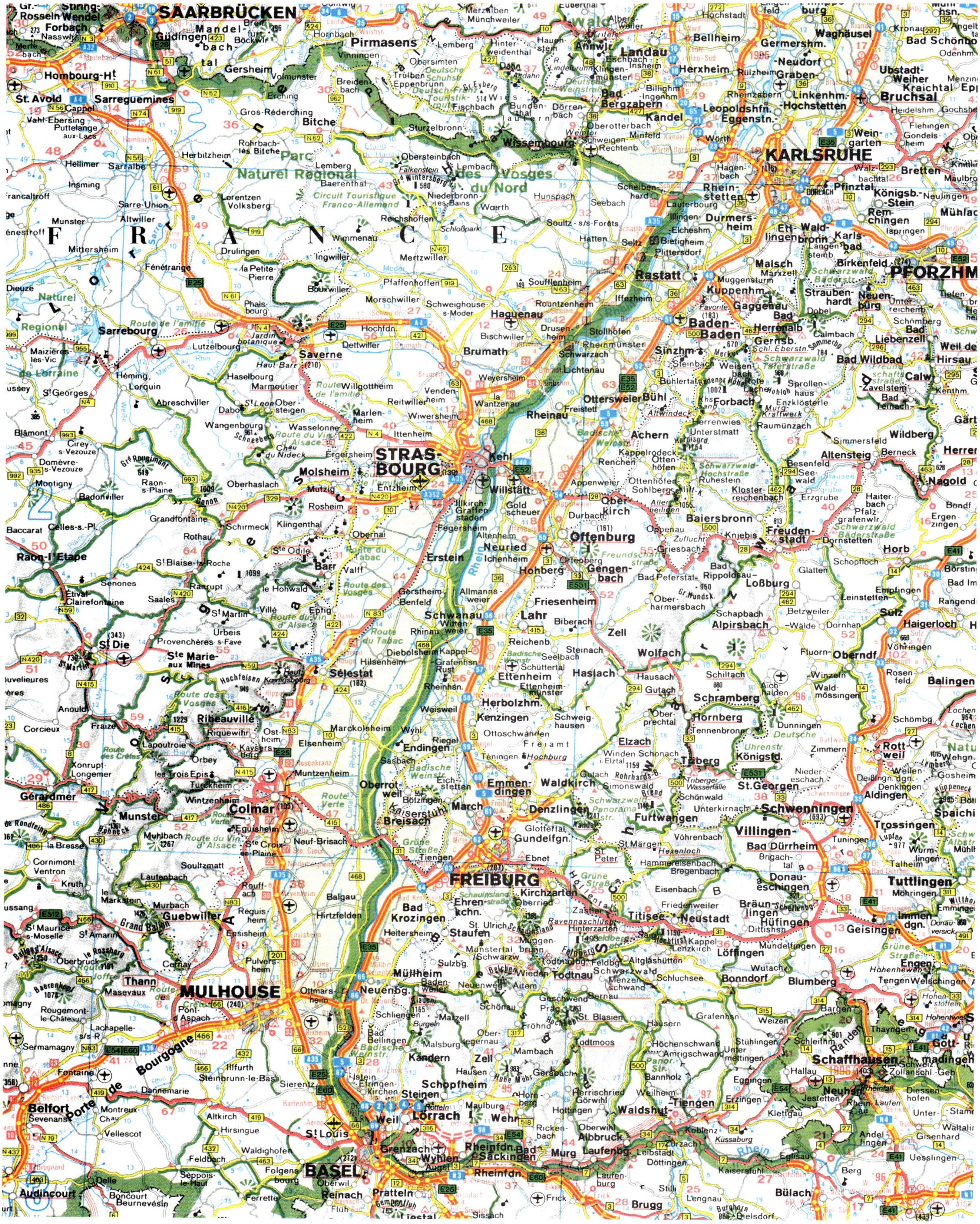
SAARBRÜCKEN
Forbach
Homburg-H
St. Avold
Sarreguemines
Pirmasens
Landau
Germersh.
Waghäusel
Bad Schönborn
Bruchsal
KARLSRUHE
Wissembourg
Parc Naturel Régional
des Vosges du Nord
F R A N C E
Rastatt
PFORZHM
Baden-Baden
Haguenau
Sarrebourg
Saverne
Brumath
Bühl
Achern
Calw
STRASBOURG
Kehl
Molsheim
Offenburg
Freudenstadt
Lahr
Sélestat
Colmar
Emmendingen
Waldkirch
FREIBURG
Breisach
Villingen-Schwenningen
Tuttlingen
Titisee-Neustadt
MULHOUSE
Belfort
Lörrach
BASEL
Schaffhausen
Waldshut-Tiengen
Rheinfelden
Bad Säckingen
Montbéliard
Audincourt